탱고, 매혹의 시간

탱고, 매혹의 시간

2022년 11월 20일 초판 인쇄
2022년 11월 25일 초판 발행

글 | 김수영
그림 | 박영근
사진 | 위성환
교정교열 | 정난진
펴낸이 | 이찬규
펴낸곳 | 북코리아
등록번호 | 제03-01240호
주소 | 13209 경기도 성남시 중원구 사기막골로 45번길 14
　　　우림2차 A동 1007호
전화 | 02-704-7840
팩스 | 02-704-7848
이메일 | ibookorea@naver.com
홈페이지 | www.북코리아.kr

ISBN | 978-89-6324-974-2(03680)
값 19,000원

탱고, 매혹의 시간

열렬 밀롱게로의 탱고 미학 에세이

김수영 글

박영근 그림, 위성환 사진

북코리아

매혹: 끌어당기고 사로잡다

탱고는 자기완결적 매혹의 세계다. 대중오락 혹은 예술의 형식으로서 탱고는 매혹적이다. 탱고를 만나는 시간은 매혹의 시간이다. '자기완결적' 매혹이라 함은 탱고가 수단이자 통로가 아니라 그 자체로 종착점임을 말하고자 함이다. 탱고는 '사교'의 수단, '로맨스'의 통로, '효율적 운동' 기제, '도파민 분출' 도구, 자기치장의 욕구 충족으로 환원됨을 거부한다. 위에 열거한 기능과 효과, 욕구 충족은 다른 활동들에 의해 대체 가능하다. 그러나 위의 기능과 효과, 욕구들에 열려있고 그들을 통합하여 품고 있으되, 다른 활동에 의해 대체될 수 없는 혹은 대체되기 어려운 탱고만의 고유한 가치와 아름다움, 기능이 있을법하다. 매우 강력한 자기완결적, 자기충족적 자장磁場 메커니즘 말이다.

　이 책은 탱고의 고유한 매혹 메커니즘이 있는지, 있다면 그것이 무엇인지 그 비밀을 찾아내기 위해 쓰였다. 탱고가 위에 열거한 기능을 단지 효과적으로 통합하는 툴tool인지(그렇더라도 훌륭하다), 위의 기능들을 넘어서는 그 무언가 고유한 것이 있는지 궁금하다. 이를 위해 귀납적 방식과 연역적 방식 둘 다 동원될 것이다. 귀납적 방식이라면, 여러 기능의 관점에서 탱고의 효능을 살펴보는 방식이나 탱고 현장에서의 여러 이슈를 다뤄보는 방식이다. 연역적 방법이라면, 좀 더 큰 맥락에서 탱고를 위치 짓는 방식이다. 예컨대 춤과 음악의 카테고리에서 탱고 춤과 탱고 음악으로 하강하는 방

식이다. 또는 예술형식으로 탱고를 정의하면서 충족 여부와 특수
성을 살펴보는 식이다. 따라서 이 책은 아카데믹한 학술서를 지향
하지도 않지만(그러지도 못하며), 경험적 에피소드만으로 만족하
지도 못한다. 이 책의 장점이 될 수도 있고 한계로 작동할 수도 있
는 지점이다. 책의 부제를 '열렬 밀롱게로의 탱고 미학 에세이'라고
붙였는데, '미학 에세이'라고 이름 붙인 것은 자유롭게 생각하는 대
로, 손 가는 대로만 쓴 글은 아니라는 것이다. 어떤 글은 '학술적 논
고'에 가깝고 어떤 글은 '시적 에세이'에 가까운 식으로 들쑥날쑥한
데, 한편한편의 글이 아닌 글들의 모임 전체인 이 책으로 탱고에 대
한 '미학적 사유'를 '시도'(에세이는 프랑스어로 '시도'라는 뜻이다)
한 것으로 이해해주기 바란다.

　이 책은 탱고를 잘 모르거나 추고 있지 않은 비非탱고인인 일
반인과 탱고인 둘 다를 대상으로 했다. 일반인에게는 탱고가 무엇
인지를 알려 탱고에 입문하라고 '촉구'하는 초대장 역할을 하고, 현
재 탱고를 추고 있는 이들에게도 탱고를 한 겹 더 알아보면서 탱고
의 매력을 한껏 더 누릴 수 있게끔 하는 '촉진제' 역할을 하려 했
다. 그래서 자칫 일반 비탱고인에게는 소화하기에 너무 많은 정보
가 전달되는 반면, 탱고인에게는 이미 기존의 자료출처 등을 통해
어느 정도 알고 있는 내용을 반복하는 데 그치지 않을까 하는 우
려가 있는 것도 사실이다. 그렇다면 전체 내용 및 구성의 방향과 수
준은 평균적인 일반인이 쉽게 접근하고 읽을 수 있으면서도 탱고인
들 입장에서도 일람하기에 썩 나쁘지 않은 '신선한 정보'와 '새로운
시각'이 담겨있어야 할 것이다. 그렇게 되도록 노력했으며, 그 과정
에서 유념한 것 중 하나는 탱고의 일부 측면만 '침소봉대'하거나 지
나치게 관념화하지 않는 것이었다. 여전히 탱고에 대해서는 '피상적

인' 이해와 '상투화된' 관념과 표현(우리는 이를 '클리셰'라고 부른 다. 예컨대 '탱고=장미')이 난무하는 상황인데, 이를 바로잡는 것이 탱고인의 한 사람으로서 책무이기도 할 터이고, 체계적인 관점에서 탱고의 전모를 이해하도록 알려야 하는 것이 과제다.

본문의 글들은 탱고의 본질과 양태에 대해 십수 년간 탐구해 온 결과물로, 4개 파트(제1부~제4부)로 구성되어 있다.

제1부는 탱고에 관한 기본 상식들을 소개하는 파트다. 탱고의 기원과 역사, 탱고와 탱고 음악의 관계, 다양한 유형의 탱고 종류 를 다룬다. 이를 통해 탱고에 대한 기본적인 사실 확인과 혼선, 오 해를 바로잡고자 한다.

제2부는 탱고의 가치 체계를 살핀다. 탱고라는 활동은 무슨 가치를 지향하며, 그것을 떠받치는 요소는 무엇인지를 체계적으로 살피는 파트다. 다소 이론적인 부분과 '교본'적인 부분이 섞여 있지 만, 이 책은 탱고 춤의 교본은 아니다. 다만 안기, 걷기, 리드와 팔로 우 등 탱고 춤의 핵심 원리를 다루면서 탱고 춤의 에센스를 찾고자 하는 것이 목적이다.

제3부는 탱고를 하면서 얻게 되는 건강, 관계 등에서의 긍정적 효과와 탱고라는 활동을 펼침에 있어서 생각거리를 탐구했다. 말 하자면, 탱고 '현장'의 이슈들이다. 예를 들면, 어떤 옷을 입으며, 어 떤 신발을 신으며, 누구와 춤추며, 누구를 친구로 삼을 것인가. 제 3부는 제2부와 보완적인 관계에서 읽으면 좋을 것이다.

마지막 제4부는 탱고 춤과 불가분의 관계에 있는 탱고 음악을 시대별·악단별로 탐구한다. 미리 말해두지만 가르델Carlos Gardel과 삐아졸라Astor Piazzolla가 주인공인 파트는 아니다.

이 책은 글의 순서대로 읽어도 좋지만, 눈길을 끄는 파트와 챕터가 있다면 그 부분부터 읽어도 좋다. 바라건대, 이 글을 통해 독자들이 탱고 — 춤과 음악을 아울러 — 의 매력을 발견하고, 어떤 방식으로든 탱고를 자기 삶에 끌어들여 삶의 '미시 혁명'을 일으켰으면 한다. 그러한 변화에 작은 씨앗이 될 수 있다면 이 책의 목적은 달성하는 것이다. 아래의 시는 '탱고로의 초대'라는 주제로 쓴 졸시 전문이다.

탱고로의 초대, 탱고 너는 누구냐

너는 누구냐
저는 아르헨티나 탱고입니다
스페인어로 '땅고'라고 불립니다

탱고 너는 누구냐
저는 커플 춤입니다
한 쌍의 사람이, 주로 남자와 여자가 안고서
음악에 함께 귀 기울여 들으며 추는 춤입니다

탱고 너는 정녕 누구냐
저는 두 사람이 함께 걸으며 추는 춤입니다
정형화된 루틴 없이 최소한의 약속만을 가지고
한쪽은 리드하고 한쪽은 팔로우하며
그러나 서로 신호를 주거니 받거니 하면서
세상에 단 하나밖에 없는 동선을 그리는 춤입니다.

살론 탱고 너는 누구냐
저는 보통 사람들이 출 수 있는, 동작이 절제되고
그러나 매우 우아하고 아름다운 춤입니다
그 춤은 어렵지도 않고 쉽지도 않습니다
다만 한 꺼풀 한 꺼풀 알아갈수록 매혹적이어서
중독되고야 마는 춤입니다

네가 탱고를 아느냐
모른다고도 할 수 없지만 잘 안다고도 할 수 없습니다
5부 능선 뒤에 6부 능선이 기다리고 있는 것처럼
동네 산 위에 북한산이, 북한산 위에 히말라야 산이 있는 것처럼
탱고는 급히 뗄 수도, 정복할 수도 없습니다
산중의 바람과 꽃내음을 즐기듯 그렇게 즐길 뿐입니다

정녕 네가 탱고를 아느냐
탱고는 각 사람들 속에 각각의 형태로 자리 잡습니다
각각의 추억으로 각각의 근육 움직임으로 기억되고
각각의 욕망과 절망, 질투와 선망, 결의와 체념입니다
지독한 소통이자 잡힐 듯 잡히지 않는 밀당입니다
글로서는 편린만을, 조금의 편린만을 보여줄 수밖에 없습니다

이쪽 세상으로 한번 건너오시길
천지개벽, 그것은 아니어도
미시 혁명, 그대 삶의 미시 혁명일 수도 있으니!

차례

제2부 탱고의 가치 체계

제3부 탱고: 매혹과 공감의 시간

제4부 탱고 음악: 탱고 오케스트라의 세계

땅고 · 탱고Tango / 아르헨티나 탱고Tango Argentino

스페인어로는 '땅고'라 하고, 영어로는 '탱고'라 한다. 땅게로스들은 이 춤의 기원을 강조하기 위해 혹은 다른 유형의 탱고와 구분하기 위해 '땅고'를 더 선호하는 편이다. 이 책에서는 일반 독자들을 위해 '탱고'를 기본으로 쓰고, '땅고'를 혼용해서 쓴다. '아르헨티나 탱고'는 다른 탱고 유형과 구분하기 위해 사용하지만, 이 춤이 모든 탱고 유형의 기원에 해당하므로 수식어 없이 '탱고'라고 쓰고자 한다. 아르헨티나 당국의 세계탱고대회 공식 명칭은 'TANGO BA(Buenos Aires)'로 쓴다. 그 대신 다른 유형의 춤은 '볼룸 탱고', '댄스스포츠 탱고', '콘티넨털 탱고'라 부르면 된다.

땅게로Tanguero / 땅게라Tanguera / 땅게로스Tangueros

'땅게로'는 탱고 추는 남자, '땅게라'는 탱고 추는 여자, '땅게로스'는 탱고 추는 사람들을 의미한다. 좀 더 넓은 맥락적 의미로는 일상의 삶과 직업적 삶에 탱고가 밀접하게 결합되어 있는 사람들을 의미한다.

밀롱게로Milonguero / 밀롱게라Milonguera / 밀롱게로스Milongueros

땅게로 · 땅게라 · 땅게로스와 유사한데, 탱고클럽인 밀롱가Milonga에 정기적으로 드나들면서 춤을 일상의 삶으로 살아가는 사람들을 말한다. '소셜 댄스'로서의 탱고를 즐기는 사람들을 뜻하기도 한다.

살론Tango de Salon / 에세나리오Tango Escenario

'살론'은 일반사람이 클럽 등에서 추는 우아하면서도 절제된 동작을 특징으로 한다. 살론 탱고와 대비되는 것은 '에세나리오' 혹은 '스테이지 탱고'라고 해서 공연용 춤을 의미한다. 아르헨티나 당국이 2003년부터 세계탱고대회를 개최하면서 살론 부문과 에세나리오 부문으로 나누어서 대회를 치렀는데, 2014년부터 살론 부문은 '피스타'Pista('바닥'을 의미함) 부문으로 명칭이 변경되었다. 세부적인 스타일로는 밀롱게로 스타일과 살론 스타일을 구분하기도 하는데, 밀롱게로 스타일은 좀 더 밀착된 아브라소를 하면서 최소한의 동작으로 리듬감을 중시한다.

밀롱가Milonga

탱고를 추는 장소, 즉 '탱고클럽'을 의미하며 빠른 박자의 탱고 음악을 의미하기도 한다. 박자별로 탱고(4박자), 발스Vals(3박자, 왈츠), 밀롱가(2박자)로 구분한다.

딴다Tanda / 꼬르띠나Cortina

'딴다'는 '교대', '순서'라는 뜻. 춤의 교체(시작, 종결)를 위한 한 묶음의 음악을 의미한다. 딴다와 딴다 사이가 꼬르띠나(커튼, 휘장)인데, 탱고 음악이 아닌 음악을 틀면서 파트너 교환과 휴식 시간을 제공한다.

까베세오(줄여서 '까베')Cabeceo

눈짓과 고갯짓을 통해 파트너 신청하는 것을 말한다. 춤 신청과 허락의 정석적 방법이다.

다음은 탱고의 주요 동작 및 자세와 관련된 용어들이다.

아브라소Abrazo '안기'를 말한다. 탱고는 한 쌍이 서로 안고 춤을 춘다.

살리다Salida '나감', '출발', '출구'. 탱고에서는 기본 스텝을 의미한다.

끄루세Cruce 발을 교차하여 포개놓는 듯한 동작. 고전적 시그니처 동작이다.

오초Ocho 숫자 8의 뜻. 8자를 그리는 듯한 동작을 지칭한다.

히로Giro '돌기', '회전'을 뜻한다. 메디오 히로는 반半회전을 의미한다.

사까다Sacada 파트너를 다른 곳으로 보내면서 그 자리로 들어가는 동작을 말한다. 영어로는 replacement. '변위變位'라고 해석할 수 있다.

볼레오Boleo 획 감아서 돌아오는 동작을 말한다.

빠우사Pausa '정지해 있는 상태'를 의미한다. 영어로는 pause.

까덴시아Cadencia 박자, 리듬, 율동적인 흐름을 의미한다.

아도르노Adorno 장식동작

일러두기

· 책·드라마·영화 제목, 웹사이트 메인주소는 《 》로, 개별 글 제목은 〈 〉로, 음악 곡 제목은 이탤릭체로 표기했습니다.

· 주요 용어 강조에는 ' ', 특정 표현 강조에는 " "를 사용했습니다.

· 국립국어원 외래어표기법을 따르되, 스페인어의 발음 특성을 강조하기 위해 스페인어권 이름 등에는 된음을 사용했습니다(예: 카를로스 → 까를로스, 포데스타 → 뽀데스따, 다만 F로 시작하는 것은 'ㅍ' 발음으로 표기).

· 본문에 등장하는 밀롱게로들의 이름은 탱고 예명(닉네임)으로, 다음과 같이 표기했습니다: 남자인 경우는 '○○○(밀롱게로) 님', 여자인 경우는 '○○○(밀롱게라) 님'('나의 탱고 스토리' 파트는 밀롱게로·밀롱게라 표시 없이 기술)

제1부

탱고:
정의, 구성요소,
탄생과 발전

1

탱고란 무엇인가: 정의와 구성요소

어떤 그 무엇인가에 대한 온전한 정의와 그에 기반하며 충분히 이해하기 위해서는 긴 여정을 거쳐야 한다. '탱고'에 대한 정의도 그러하리라. 아마도 탱고 문외한인 독자가 '탱고'에 대한 온전한 정의를 마음속에 세우려면 이 책을 다 읽고, 또 나름대로 탱고를 체험한 이후에야 가능할지도 모른다. 그렇더라도 우리가 여행을 떠나려면 나침반과 지도를 가지고 있어야 한다. 탱고에 대한 잠정적 혹은 기술적인 정의를 먼저 세운 이후에 그 기원과 역사를 따라가 보면 탱고가 무엇인지, 탱고를 구성하고 있는 요소들이 무엇인지에 관한 기술이 풍부해질 것이다. 다른 유사한 춤 혹은 음악과의 구분도 가능해질 것이다. 먼저 개략적으로 탱고에 대한 '정의'를 시작한다.

첫째, 탱고는 '탱고 음악'을 내포한 '춤'이다. 춤은 음악 없이는 성립할 수 없다. 물론, 춤 일반과 음악 일반의 관계에서 음악 없는 춤의 성립 여부를 논구해볼 수는 있지만(음악 없는 춤이 존재할 수는 있지만, 일반적인 경우는 아니다), 여기서는 음악의 전제하에 춤이 성립한다는 전제를 받아들인다. 이 말은 춤이 음악에 대해 종속적이라는 뜻이 아니라 춤의 구성요소에 음악이 내포되어 있다는 말이다. 탱고라는 춤에서도 마찬가지다. 탱고라는 춤을 위해서는 음악이 있어야 한다.

둘째, 탱고는 '커플 춤'이다. 주로 남녀(때로는 동성 간 커플로도 가능하기에 '주로'라는 단서를 붙였다)가 한 쌍을 이루어 추는 춤이다. 사교적 목적의 '소셜 댄스'로 나타나기도 하고, 공연 목적으로 '쇼 탱고'로 나타나기도 하지만, '커플 댄스'는 탱고라는 춤에 핵심적 요소를 이루고 있다. 커플 댄스로서의 탱고는 "It takes two to tango(탱고를 추기 위해서는 두 사람이 필요하다)"라는 표현에서처럼 두 사람 간의, 혹은 양방 간 협력을 위한 메타포로 자주 사용된다.

셋째, 탱고는 커플 간 밀착도가 가장 높은 쪽에 속하는 춤이다. 두 사람이 마주 서서 각자의 몸은 수평을 유지한 채 서로 상체를 안고 추는 춤이다.

넷째, 탱고는 스텝을 이동하며 추는 '걷는 춤'이다. 스텝을 이동할 때는 리더인 사람과 팔로워인 사람의 발이 서로 조응하여 이동함으로써 발이 서로 얽히거나 부딪치지 않는다. 직선이동, 사선이동, 회전이동 등 다양한 방향으로 스텝 이동이 이루어진다.

이제 우리는 탱고에 대한 대략적인 정의의 범주를 얻었다. "탱고는 ① 두 사람이(커플 댄스) ② 서로 안고서(안기, 포옹) ③ 음악에 맞춰(탱고 음악) ④ 스텝을 이동하며(걷기) 추는 춤이다." 여기에 우리는 횡적·역사적 층위를 더해야 한다. 이를 통해 탱고가 어떤 환경에서 추어지고 있는지, 어떻게 발전해왔는지 이해할 수 있다. 탱고 춤, 탱고 음악과 아울러 탱고 내의 다양한 스타일에 대해서도 이해하게 될 것이다.

2
탱고 생태계: 탱고의 확장적 정의

그 어떤 무엇인가에 대해 충분히 이해하기 위해서는 그것을 둘러싼 주변 환경, 즉 생태계를 이해해야 한다. 탱고도 마찬가지다. 탱고라는 춤과 관계 맺고 있는 환경, 즉 탱고 생태계의 구성요소를 살펴봐야 한다. 탱고 생태계를 살펴본다고 함은 탱고라는 춤이 작동하는 세계를 분해해보는 것이다.

첫째, 밀롱가Milonga(탱고클럽) 및 인적 주체. 탱고라는 춤이 추어지는 장소이기도 하고, 춤이 조직되는 시간이기도 하다. 탱고를 매개로 한 사교가 이루어지는 곳이며, 안식처이자 정글이며, 도전과 상처, 기쁨과 좌절이 함께하는 곳이다. 노는 곳이고 예술 하는 곳이다. 탱고라는 춤을 매우 아름답게 소개하고 있지만, 실제로 탱고가 추어지는 세계는 꼭 아름답지만은 않다. 모든 세상사가 그렇듯이, 그곳에도 좌절과 상처가 있다. 그런데도 많은 이들은 '매일 밤' 그곳을 찾고, 살아남고, 성장하고 있다. 이 밀롱가는 3각의 인적 주체들로 구성되는데, 오거나이저organizer, 디제이DJ, 밀롱게로milonguero가 그들이다. 이곳의 진정한 주인은 밀롱게로이지만, 그들을 위해 봉사하는 오거나이저와 디제이가 없다면 질 높은 탱고 문화는 성립할 수 없다.

둘째, 파트너링Partnering. 탱고 자체에 파트너십이라는 요소가 내재해 있어서, 즉 탱고라는 춤을 추기 위해서는 파트너가 필요하므로 파트너십을 맺어가는 과정인 '파트너링'이 중요하고 까다로울 수밖에 없다. 이것이 탱고의 '질'을 결정지을 것이라는 예상은 자연스럽다. 파트너링을 바라보는 사람들의 시각도 다르다. 누군가는 '사교'의 시각에서 보지만, 누군가는 춤의 '질'이라는 관점에서 볼 것이다. '밀당'의 관계를 넘어 '권력 게임'으로 비화하는 면도 없지 않을 것이다. 밀롱게로들이 고민하는 상당 부분은 사실 춤 자체이기보다는 파트너링 과정에서 오는 스트레스다. 파트너링과 관계된 규범 및 코드가 있는데, 예컨대 '까베세오 에티켓'이 그것이다. 그러나 파트너링 규범은 그것을 뛰어넘는 차원에 있다. "나는 무엇 때문에 탱고를 추는가?"라는 근원적인 질문과 "나는 어떤 인간관계를 지향하며 어떤 인간형인가?"라는 질문으로 이어진다. 내 생각을 말하자면, 나는 '호혜주의자'에 가까운 편이지만('박애주의자'는 아니다), 그 누군가가 '탱고 이기주의자'라 해서 그를 단죄할 생각은 없다.

셋째, 꾸며 입기 혹은 탱고 패션. 탱고 패션은 크게 '기능적 욕구'와 '미적 욕구'의 두 가지 차원이 있다. 기능적 욕구란 함은 탱고 춤을 잘 추고, 파트너링을 하는 데 이바지하는 차원이다. 더 중요한 것은 '미적 욕구' 자체다. 탱고라는 춤은 '핑계'일 뿐이고(사실 그럴 리야 있겠는가), '꾸며 입고 싶은 것'이 진정한 욕구일지도 모른다. 사실은 둘 다이다. 꾸며 입기도 하고 춤도 춘다. 두 가지 욕구를 다 포함하는 용어로, 나는 '파티 욕구'라는 용어를 쓰고자 한다. 탱고는 파티 욕구를 충족하는 '파티'다.

넷째, 사교 혹은 사회적 관계 확장. 사실 우리는 지금 '소셜 댄스'로서의 탱고를 다루는 중이다. 춤을 추는 것 자체가 '사교'이기도 할 터이지만, 막전 막후 '사교'는 나름 치열한 모양이다. 공식 동호회 및 모임은 물론이고, 수시로 조직되는 각종 앞풀이와 뒤풀이, 개인 간 썸 타기, 비밀 연애 및 공개 연애에 이르기까지. 가족을 대체하는 '유사가족' 기능까지 거론하자면, 탱고를 둘러싼 사교활동은 화려하다 못해 어지러울 지경이어서 이런 사교활동이 실시간 공개되는 페이스북 등의 SNS를 볼라치면 FOMO(Fear of Missing Out) 공포가 휘몰아칠 지경이다. 그러나 지나치게 염려할 필요는 없다. 춤과 마음으로 통하는 탱친 몇 명만 알면(꼭 절친일 필요도 없다) 그것으로 충분하지 않은가(탱고를 예술로 바라보는 관점이 우세한 사람의 '방백'이다).

다섯째, 정신건강 및 신체건강의 개선 효과. 아마도 이 효과 때문에 탱고에 입문하려는 사람들이 많다. 적어도 내세우는 명분으로는 그렇다. 실제로 정신적 스트레스와 좌식문화의 폐해에 노출된 현대 문명인들에게 탱고는 하나의 돌파구가 될 수 있다.

탱고 생태계를 구성하는 다섯 가지 요소를 살펴보았는데, 이것들은 탱고 문화를 부흥시키는 동력원들임이 분명하다. 탱고에 내재한 가치를 구현하는 동시에 인간의 본원적이면서 기능적인 욕구, 미적 욕구, 건강 욕구를 채워준다. 그리하여 탱고는 복합 문화 활동으로 정의된다. 이후의 글들은 탱고의 구성요소 및 탱고 생태계를 주제로 하여 펼쳐진다.

3
일상의 안기보다 더 강력한 탱고의 안기:
"탱고에서의 안기처럼 현실에서의 연인을 안으라"

탱고는 "두 사람이 안고 걷는 춤"이라 정의했다. 탱고는 '안기'에서
시작한다. 스페인어 용어로는 아브라소abrazo, embrace다. 안기, 다른
말로는 포옹이다. 안기는 춤을 시작하는 기본 프레임이기도 하지만,
탱고라는 춤의 본질을 함축하고 있다.

아브라소의 세 가지 차원
아브라소는 탱고가 주는 행복(만족감, 기쁨 그 무엇으로 불러도 좋
다)의 세 가지 원천, 즉 음악, 아브라소, 리드미컬한 동작(이것은 필
자가 정리한 견해다) 중 중심 역할을 한다. 통합하는 역할이라 해
도 좋다. 음악은 나(그리고 파트너)의 귀와 뇌로 들어와서 아브라
소를 거쳐 나의 다리와 파트너의 다리로 연결된다.

　아브라소는 세 가지 차원이 있다. 먼저, 파트너를 안는 것. 파트
너는 우정의 대상이기도 하고, 연모의 대상이기도 하다. 그 무엇이
든 그대는 힐링이 된다. 설렌다. 호르몬이 분출한다. 어미의 품처럼
안온하기도 하고, 기차 바퀴 소리처럼 쿵쾅쿵쾅 격동하기도 한다.

　아브라소의 두 번째 차원은 음악을 안는 것이다. 귀와 뇌로만
음악을 듣는 것이 아니라 온몸으로 듣는 것이다. 혼자 듣는 것이
아니라 파트너와 함께 듣는다. 아브라소에 음악의 차원을 더해보라.

탱고의 안기가 일상의 안기와 다른 포인트 하나.

아브라소의 세 번째 차원은 시간을 안는 것이다. 10~12분간을 온전히 안는다. 그 시간 동안 음악을 오롯이 안고, 파트너를 오롯이 안는다. 일상으로부터 단절된 시간. 그 시간은 몰입의 시간이고, 갱생의 시간이다.

이러한 아브라소의 순간은 바일라(밀롱게라) 님에 따르면, '화양연화'의 순간이다. "그대 내 것인가요, 나 그대 것인가요?"를 되묻는 시간이다. "바람도 비켜가는", 즉 일상의 차원을 넘어서는 시간이다. 깊은 커넥션deep connection의 시간이다.

탱고의 안기와 현실에서의 안기

영국에서 탱고를 하는 브로노브스키Dimitris Bronowski는 일상의 안기와 탱고의 안기에 대해 다음과 같이 썼다(《Tangofulness》).

일상에서의 안기는 탱고에서의 안기보다 덜 강력하다. 예술을 공동창조하며, 음악을 표현하며, 침묵 속에서 대화하는 12분간의 안기와 일상 속에서 2~5초간의 안기를 비교할 수 있겠는가. 나는 사랑하는 사람을 안듯이 탱고 안에서 안기를 원하지 않는다. 오히려 내가 탱고에서 하듯이 사랑하는 사람을 안기를 원한다.

예전에 나는 어느 시에서 "탱고는 연인과 마지막 춤을 추듯이"라고 했는데, 브로노브스키에 따라 말을 바꿔야 할 것 같다. "탱고에서 안기를 배우라. 그리고 현실의 연인을 안을 때는 탱고에서 하듯이 그렇게 안으라."

4
탱고 걷기는 근원적 걷기이자 비일상적 걷기

탱고는 '걷는 춤'이라 했다. 걷는 춤은 메타포로서의 측면과 실제적인 측면 둘 다를 포함하고 있다. 데니스턴Christine Denniston에 따르면, 탱고 황금기 세대들이 강조하는 걷기는 "거리를 자연스럽게 걷듯이 즉흥적이고 자유로운 스텝을 하라는 뜻"이라 한다.[1] 그런데 걷는 춤은 메타포일 뿐 아니라 실제이기도 한데, 탱고는 걷기＝스텝에 기반한 '걷는 춤'이다(챕터 11에서 상론). 다만 걷기로 환원하기에는 곤란한 요소들이 있음도 분명하다. 특히 무대에서 공연하는 화려한 탱고(쇼 탱고, 에세나리오escenario＝scenary 탱고)에서라면 더욱 그렇다. 여기서는 '걷기'의 본원적 의미와 비일상적 걷기로서의 탱고 걷기에 대해 말해보고자 한다.

'직립 보행'의 의미와 '걷는 춤'으로서의 탱고
걷는다는 것은 인류에게 있어 본원적 행동이다. 현생인류인 호모

---

1   다음은 원문이다. "When they talked about walking the Tango, what they meant was that it should be danced with the ease with which one walks down the street, moving one foot and then the other, with no forethought, existing completely in the moment. What they meant was what we would call improvisation." (Denniston, Christine. *The Meaning Of Tango*, Portico, 2007)

사피엔스의 기원은 '직립 보행인'이라는 뜻의 호모에렉투스다. 직립은 인류에게 많은 일을 가능하게 했다. 손이 자유로워짐에 따라 손으로 사용하는 도구를 발전시켰고, 이것이 뇌를 발전시켜 인류를 지구의 지배자로 만들어주었다. 또한 직립은 반중력적 활동이다. 중력에 역행해 몸을 일으켜 세움으로써 나의 체중을 발에 모으게 하고, 이것이 혈류 움직임을 활성화한다. 혈류 움직임이 활성화된다는 것은 뇌가 건강해지고 몸이 건강해진다는 뜻이다(캐럴라인 윌리엄스, 《움직임의 뇌과학》). 반면 중력에 순응하는 좌식 행동이 얼마나 건강에 해로운지가 밝혀지고 있는데, 현대인의 질병은 사실 사무실과 집안에 보편화된 좌식 의자 및 소파 등에 기인하고 있다는 것이다. 눕는 행위는 더 말할 것도 없다. 잠잘 때를 제외하고 눕는다는 것은 사실 죽음을 의미한다. 따라서 땅에 발을 딛고 걷는다는 것은 생명활동의 근원이라 할 수 있다. 중력에 복종하는 것이 아닌, 중력과의 건강한 관계 맺기라고 나는 해석한다.

많은 춤 중에서 탱고는 "자연스러운 걸음natural walk"에 가장 가까운 형태의 춤이다. 탱고 외에도 '스텝'이라는 공통된 용어를 사용하는 것에서 볼 수 있듯이, 다른 많은 춤들도 직립 보행 및 걸음의 원리를 적용한다. 그러나 원래의 걸음에 가장 가깝게, 기능적으로는 건강에 좋고 보기에도 아름다운 형태로 형태 지워진 춤이 탱고, 그중에서도 밀롱가에서 즐기는 살론 탱고[2]다. 사실 모든 스텝

---

[2] '살론 탱고'와 대비되는 개념이 '에세나리오 탱고'다. 살론 탱고는 '살론', 즉 밀롱가에서 추는 춤을 의미하며, 전문 댄서들 외에 일반인도 소셜 댄스 차원에서 즐기는 춤을 의미한다. '에세나리오'는 무대 탱고로, 전문 댄서들이 무대 위에서 공연하는 춤을 의미한다. 물론 '살론 탱고' 전문 댄서도 있다. 아르헨티나 당국에서 개최하는 탱고대회는 '땅고 삐스따(pista)' 부문(땅고 살론에서 명칭 변경)과 '땅고 에세나리오' 부문이 있다.

과 동작이 걷기에서 파생된다. 앞으로 걷기, 뒤로 걷기, 옆으로 걷기, 사선으로 걷기, 평행 걷기와 크로스cross 걷기(크로스 걷기는 리더와 팔로워의 다리가 엇갈려서 걷는 것을 말한다)가 있다. 크로스 걷기의 일종인 오초ocho도 걷기에서 파생된 것이며, 히로giro도 분해해보면 뒤로 걷기-옆으로 걷기-앞으로 걷기의 연속 조합이다. 사까다sacada도 파트너가 원래 있던 자리를 향해 걷는 것이다. 탱고는 '걷는 춤'이 맞다.

'탱고 걷기'와 '일상 걷기'의 다른 점

탱고 걷기가 일상 걷기와 다른 점은 다음 세 가지다. 첫째, 둘이 안고 함께 걷는다는 점. 둘째, 일상 걷기보다 템포가 다소 느리거나 다소 빠르다는 점. 즉 보통 템포에서는 호흡을 가다듬으면서 느리게 걷고, 도블레띠엠뽀double tiempo/double time에서는 보통 템포의 두 배 빠르기이므로 일상 걷기보다는 빨리 경쾌하게 걷는다. 셋째, 가슴을 당당히 펴고, 다리를 곧게 뻗으면서, 지면을 밀면서 걷는다. 탱고 걷기는 일상의 걷기와 가까운 '자연스러운 걸음'이면서 또한 일상의 걸음과는 다른 '예술적 걸음'이다.

　그렇다면 왜 당신은 '탱고 걸음'을 시도해야 하는가. 1단계, "죽지 않기 위해" 눕거나 앉지 않고 일어서서 걷는다. 2단계, 일상의 걸음과는 다른 "특별한 걸음"을 원한다. 그 특별한 걸음에는 우아함과 경쾌함이 함께 있어야겠다. 터덜터덜 지쳐서 걷는 걸음이 아니라 당당한 걸음이면 좋겠다. 3단계, 함께 걸으면 좋겠다. 걷기의 동반자가 있으면 좋겠다. 4단계, 안고 걷는다. 포옹하고 걷는다. 해보면 알지만 그렇게 걸어도 걸어진다. 세상에서 가장 아름다운 걸음이고 가장 행복한 걸음 중 하나다.

(세레나: 탱고 걸음은 세상에서 가장 아름다운 걸음이고 가장 행복한 걸음 중 하나다.)

5
'온몸으로 듣는' 탱고 음악:
탱고 음악이 "나를 사로잡는" 여섯 가지 이유

탱고는 안고, '음악에 맞춰' 걷는 춤이라 했다. 무슨 음악에 맞춰 추는가. 탱고 음악이다. 탱고는 '탱고 음악'에 맞춰 추는 춤이다. 더 특화해서 얘기하면 우리가 맞춰 추는 탱고 음악은 '탱고 댄스 음악'이다. 뒤 챕터에서 상론하겠지만, 탱고 춤과 탱고 음악은 함께 발전하고, 분화하고, 다시 통합하는 과정을 거쳤다. 그러고는 또 분화한다. 우리가 현재 주로 듣고 춤추는 탱고 댄스 음악은 주로 탱고 황금기를 구성하는 연대(1930~1950년대, 더 좁히면 1935~1955년간을 말한다)에 연주되고 녹음된 음악을 말한다. 현대의 밀롱가에서 트는 음악은 주로 이들 '황금기 트래디셔널' 음악이다. 비탱고인들이 일반적으로 탱고 음악 하면 떠올리는 가르델이나 삐아졸라 음악이 나오는 경우는 거의 없다. 우리에게는 대신 다리엔소Juan D'Arienzo, 디살리Carlos Di Sarli, 뜨로일로Aníbal Troilo, 뿌글리에세Osvaldo Pugliese가 있다. 이들 탱고 음악을 우리 밀롱게로들은 귀로만 듣지도 않고, 가슴으로만 듣지도 않고, 발로만 듣지도 않는다. 귀, 가슴, 발 모두로 듣는다. 온몸으로 듣는다. 그럼으로써 탱고 음악과 탱고 춤은 하나가 된다.

우리가 온몸으로 듣는 탱고 음악의 특징과 매력 요소는 다음과 같다. (탱고 음악의 형식과 구조, 악기 편성에 대해서는 제4부에서 상론한다.)

첫째, 춤곡으로서 매력의 원천이 되는 비트와 리듬. 걷는 춤으로서 탱고의 정체성과 부합하여 한발한발 내딛는 걸음에 최적화된 파워풀한 비트가 출발점이고, 절정을 향해 춤사위를 이끄는 바리아시온이 그 종결점이다. 그사이에 리듬감을 고조시키는 싱코페이션, 스타카토, 빠우사 등이 자리 잡고 있다. 정리하자면 파워풀한 비트와 매우 리드미컬한 효과를 창출하는 리듬, 템포, 변주들.

둘째, 낭만적이고 아름다운 멜로디. 탱고 음악을 알아갈수록 이토록 풍부하고 많은 멜로디가 있었는지에 대해 놀라게 될 것이고, 이 멜로디들이 매우 로맨틱하게 연주되고 있음을 알게 될 것이며, 낭만성이 과하게 표출되지 않고 적절히 제어되고 있음을 느끼게 될 것이다. 탱고의 리드미컬한 요소와 결부되어 이 제어된 낭만성은 들어도 들어도 탱고를 질리지 않게 만들어준다.

셋째, 연주에 있어 부분 악기들을 제어하는 완전한 오케스트레이션과 테크닉적 완벽성. 탱고 악단에서 주인공은 특정 악기나 가수가 아니라 디렉터다. 디렉터가 각 부분을 완벽하게 제어하여 최고의 화음을 만들어낸다. 탱고 황금기에는 이 점이 더욱 뚜렷하다.

넷째, 탱고의 특화된 색깔을 규정하는 여러 요소들, 악기들과 보컬들의 고유한 색깔, 악단들의 특징적인 리듬. 그중 특출한 것은 반도네온이다. 탱고 음악의 '영혼'이라 불릴 만큼 묘한 색깔을 규정한다. 때로는 내면 깊숙이 파고드는 웅장한 소리를 내고, 때로는 화려한 바리아시온을 이끈다. 어두움과 밝음을 넘나들며, 때로는 숨어있고 때로는 전면에 나선다.

다섯째, 풍부한 희로애락의 감정을 담고 있다는 것이다. 탱고는 단일한 어떤 특정한 감정 상태로 환원되지 않는다. 흔히 탱고를 묘사할 때 동원되는 '애절함'이라는 표현은 전반적으로 탱고를 정의하는 감정 상태가 될 수 없다. 즐거움이나 기쁨의 감정도 마찬가지다. 탱고 음악에는 어둠과 밝음이 공존해 있으며, 애절함과 기쁨이 함께 녹아들어 있다. 다른 춤곡들과 다르게 탱고는 넘쳐흐르는 즐거움은 아니다. 탱고 음악은 때로 가사는 슬프지만 음악은 기쁜 경우로, "슬프고도 행복한" 모순적 느낌을 자아낸다.[3]

마지막으로 여섯째, 이는 매력의 '요소'라기보다는 그 '기저 ground'가 되는 측면인데, 우리가 춤이라는 매개를 통해 탱고 음악을 듣는다는 것이다(탱고 공연을 보거나, 그냥 음악만 들을 때조차 춤을 상상하며 듣곤 한다). 탱고 음악의 한 곡 한 곡이 내 몸에 각인되는 이유다. 그 곡에 맞춰 춤추면서 머리카락이 쭈뼛쭈뼛 일어나고 소름이 돋아나며 꼬라손에 이르렀던 기억이다. 어찌 그 곡들을 잊을 수 있을까. 둘이 아닌 하나가 되어 몸으로 그려내었던 리듬감과 아름다운 멜로디, 완벽하게 시간과 공간에 몰입되어 몸에 새겨넣었던 통짜 그대로의 음악을.

---

3   Beatriz Dujovne, "Tango can be both happy and sad. The music feels one way, the poetry another" (*In Stranger's Arms: The Magic of the Tango*, 2011)

6
탱고 분류학: '혼선'과 '오해' 넘어서기

지금까지 탱고의 정의를 살펴보고, 횡적 관계망으로서의 탱고 생태계를 살펴본 데 이어 탱고를 구성하는 핵심 3요소, 즉 안기, 걷기, 탱고 음악의 '에센스'에 해당하는 내용을 소개했다. 이를 바탕으로 심화 학습에 해당하는 이후 과정으로 넘어가기 전에 비非탱고 일반인들이 탱고에 대한 온전한 이해를 방해하는 탱고 및 탱고 음악 하위 장르들 간의 '혼선'을 정리하고, '고정관념과 편견'에 해당할 만한 내용 등을 점검해보고자 한다. 이를 위해 이름은 거창하지만 '탱고 분류학'으로부터 시작해야 한다.

아르헨티나 탱고 vs. 콘티넨털 탱고

'아르헨티나' 탱고와 '콘티넨털' 탱고. 이 두 개의 탱고는 그 '기원'과 '이름'만 같을 뿐 사실상 다른 춤이다. 기원이 같다고 함은 그 뿌리가 '초기' 아르헨티나 탱고에 있다는 의미다. 초기 탱고는 아르헨티나에서 유럽으로 전해져 대유행을 거친 이후, 유럽 고유의 방식으로 발전하여 영국왕실무도협회가 공인하는 형태의 현재 '콘티넨털' 탱고가 되었다. 볼룸Ballroom 댄스의 한 종목이었는데, 지금은 '댄스스포츠'('볼룸'에서 올림픽 참여를 위해 '댄스스포츠'로 이름 변경) 모던 5종목(왈츠, 탱고, 폭스트롯, 퀵스텝, 비엔나왈츠) 중 하나다.

일반인들이 가지는 혼선의 대부분은 '탱고' 하면 우선 콘티넨털 탱고를 떠올리는 데서 기인한다. 그것도 콘티넨털 탱고의 고착화된 이미지와 함께 떠올린다. 고개를 좌우로 돌리는 절도 있는 동작이 그렇다. 거기에 장미를 입에 물리는 상황까지 가면 대책없게 느껴진다. 나 개인적으로는 대중 매체에서 탱고가 언급될 때 장미를 입에 문 이미지와 동시에 언급되고, 게다가 머리를 꺾는 동작이 병행되곤 할 때마다 머리가 지끈거린다. "저건 나의 탱고가 아니야"라고 외치고 싶어진다. 이 책을 읽는 독자라면 적어도 여기서 다루고 있는 탱고(=아르헨티나 탱고)와 또 다른 탱고(=콘티넨털 탱고)를 구분할 수 있으리라 기대한다. 이 책은 아르헨티나 탱고를 다루고 있는데, 굳이 이 책에서 '아르헨티나'라는 수식어를 두지 않는 것은 탱고의 기원이 원래 아르헨티나이기 때문이다. 우리 탱고는 그냥 영어식 발음 '탱고'이거나 오리지널리티를 살리자면 스페인어 '땅고'다. 세계탱고대회를 개최하는 부에노스아이레스 당국의 공식 명칭은 수식 없이 'Mundial de Tango'라고 쓴다.

보여주는 춤 vs. 즐기는 춤, 에세나리오 vs. 땅고 데 살론

여기서부터는 아르헨티나 탱고 내에서의 '혼선'이라 그리 심각하지는 않지만, 그 목적뿐만 아니라 외양에서도 상당한 차이가 있기 때문에 유의할 필요가 있다. 보여주기 위한 목적의 춤은 '무대 탱고' 혹은 '에세나리오'라고 부른다. 여기서는 보여주기 위한 목적에 따라 화려한 동작들이 주를 이룬다. 이와 달리 스스로 즐기기 위해 살론(밀롱가)에서 추는 춤은 살론 탱고, 즉 '땅고 데 살론Tango de Salon'이라 한다. 이 춤은 화려한 동작보다는 파트너 커넥션을 중시하는 춤으로, 전문 댄서들이 아니라 일반 댄서들을 위한 춤이다. 부에노스아이레스 당국이 개최하는 세계탱고대회는 위의 두 개 부문으로 나뉘어 치러진다('땅고 데 살론'은 '땅고 데 삐스따'Tango de Pista로 이름 변경). 살론 탱고 역시 즐기는 목적 외에 보여주는 목적도 겸하고 있다고 할 수 있지만, 본래 목적은 즐기기 위한 것이며, 우리가 이 책에서 주로 다루는 춤은 바로 살론 탱고를 말한다. 이는 특정 스타일로서의 탱고가 아니라, 살론(밀롱가)에서 춤추는 것을 목적으로 탱고 황금기를 거쳐 확립되고 탱고 르네상스기를 거쳐 부활한 전통적 탱고를 의미한다.

관능의 춤 vs. 교감의 춤

관능의 춤과 교감의 춤이 반드시 대립하는 항은 아니다. 강조점이 다를 뿐이다. 화이는 《탱고 레슨》(오푸스, 2010)에서 "교감의 춤으로서 탱고"를 강조했다. 비탱고 일반인들이 대부분 에세나리오 탱고에 노출되어 탱고의 화려함과 관능의 측면에 주목한 상황에서 '교감'에 주목하고 강조한 것은 즐기는 춤의 본질에 부합한 접근이었다. 다만 관능이라도 '보여주기 위한/보는 시각적 관능'이 있고, '내적 체험의 관능'이 있다고 본다. 깊은 파트너 커넥션에서라면 '내적 체험의 관능'과 '교감'은 하나가 된다. 관능으로 촉발되어 교감으로 갈 수도 있다. 살론 탱고에서는 교감 혹은 공감empathy이 관능까지도 끌어안는 더 포괄적인 개념으로서 탱고를 나타내기에 적합한 개념으로 보아야 할 것이다.

스타일의 분류: 살론 vs. 밀롱게로 vs. 누에보

스타일로서의 살론은 멜로디에 맞춰 추는 우아함을 특징으로 하고, 밀롱게로는 단순하지만 리드미컬한 춤을 지향한다. 누에보는

1990년대 이후 등장한 새로운 스타일로 과감하고 역동적인 춤을 지향한다. 살론과 밀롱게로 스타일은 부에노스아이레스에서도 특정한 지역을 대변하는 측면이 있고(북쪽은 살론, 남쪽은 밀롱게로), 일부에서는 정통성 논의까지 있었던 모양이지만, 나로서는 세계탱고대회가 지향하는 범주적·미학적 틀(개방적 방향으로 가고 있다)은 별론으로 하더라도 각각의 전통을 통합하며 각 개인이 각자만의 스타일을 구축하여 탱고의 지평을 확장시켜나가는 것이 좋다는 생각이다.

탱고 댄스 음악 vs. 탱고 노래Tango-Canción vs. 감상용 음악

탱고에 대한 혼선이 일어나는 또 하나의 대표 영역은 탱고 음악 영역이다. 탱고 음악 하면 일반사람들은 가르델과 삐아졸라를 떠올린다. 요즘은 사실 가르델도 모르는 경우가 많고 대부분 삐아졸라를 얘기한다. 이것 자체가 잘못은 아니다. 그러나 탱고를 추는 탱고인 입장에서는 서운하다. 가르델과 삐아졸라가 탱고 음악을 세계적으로 알린 공로, 특히 삐아졸라의 경우 '클래식' 레퍼토리로 자리 잡으면서 '고급 예술'로 등극케 한 공로가 크지만, 사실 우리 밀롱게로 댄서들을 위한 음악은 아니다.

　　탱고 음악은 크게 댄스 음악과 비非댄스 음악으로 나뉜다. 비댄스 음악은 탱고 노래(대표: 가르델)와 감상용 음악(대표: 삐아졸라, 주로 기악곡)으로 나뉘고, 탱고 댄스 음악은 가수가 있는 음악(깐따canta)과 기악곡(인스뜨루멘딸instrumental)으로 나뉜다. 가수가 있는 음악은 가수가 후렴부 일부를 부르는 곡(estribillista)과 상당한 비중을 차지하는 곡(오케스트라 가수cantor de orchesta)으로 나뉜다. 탱고 황금기 시절을 풍미한 '오케스트라 가수'에 이르러서는 탱고 노래의 전통과 탱고 댄스곡의 전통이 하나로 융합되었다고 볼 수 있다. 우리가 이 책에서 다루는 음악은 황금기 탱고 댄스 음악이다.

탱고에 대한 고정관념: 탱고 = 유혹?

탱고 = 장미는 오해에서 비롯된 애교 정도라고 넘어갈 수 있지만, 탱고가 유혹이라는 관념은 한편으로 타당성이 있긴 해도 오용되는 관념 중 하나다. 타당성이 있다는 것은 주로 '탱고 뮤지컬' 등에서 나리오 탱고에서 남녀 간의 로맨스를 서사화하는 과정에서 그 관념을 얻었던 측면을 인정하는 것인데, 사실 현실에서 그러한 유혹이 벌어지진 않는다. 탱고는 매혹이지만, 유혹은 아니다. '매혹'이란 자기완결적으로 매력적이라는 의미이고, 유혹은 어떤 성적인 행위, 즉 탱고 이외의 행위를 유발한다는 의미여서 완전히 다른 개념이다.

사례 하나를 살펴보자. 현재(2022년 6월) 방영되고 있는 tvN 수목드라마 《이브》에 극중 인물인 이라엘이 탱고를 추고 난 직후 남편을 대기실로 데리고 들어가 "탱고의 뜨거운 에너지 때문에 못 참겠다"라며 남편의 옷을 벗기는 장면이 나온다. 우리 밀롱게로들은 이 장면을 공유하며 '실소失笑'했다. 탱고 활동이 성적 욕구로 치달아 저런 행위로 이어지는 경우는 '단연코'(강조 어법이다) 없다. 탱고 안에서 일종의 황홀 체험이라 할 수 있는 '꼬라손'의 경지에 이를 수는 있지만, 이것은 따뜻한 아브라소와 리드미컬한 뮤지컬리티 체험의 결과물이다. 그 에너지 안에 에로티즘적 반향反響이 있을 수는 있지만, 이것이 다른 활동으로 이어지는 '경로' 혹은 '전前 단계'는 아니다. 탱고 안에서 갈증을 불러일으키고 해소할 뿐이다. 탱고의 에너지는 탱고 밖에서 추구하는 에너지와는 완전히 다르다. 실제 탱고 '현장'에서는 지칠 때까지 탱고를 추고 집에 가서 잠을 청할 뿐이다. 탱고를 비롯하여 커플 댄스에 덧씌워져 있는 남녀 간 '유혹' 이미지는 실제 이 춤을 경험해보지 않은 이들의 클리셰적 관념일 뿐이다.

7
탱고와 탱고 음악: 탄생과 발전 그리고 분화

이제 우리는 횡적인 관계망을 넘어 역사적 맥락으로 넘어갈 때가
되었다. 탱고는 언제 탄생했으며 어떻게 발전해왔는가? 탱고 춤과
탱고 음악은 불가분의 관계라 했는데, 진정 탱고 춤과 탱고 음악은
정확히 조응하여 발전해왔는가? 그 음악은 어떤 음악인가? 탱고는
어떤 음악에 맞춰 추는가? 이러한 질문들이 간단하지만은 않은 것
은 우리가 일반적으로 통칭하는 '탱고 음악'이 포괄하는 범위가 '탱
고'라는 춤에 정확히 조응하지 않기 때문이다. 그리고 때로는 탱고
음악이 아닌 경우에도 탱고를 추는 경우가 있다[AM(Alternative Mu-
sic) 음악으로 분류된다]. 후자의 경우는 논외로 하더라도 탱고 음
악 중에도 탱고 춤에 조응하는 경우와 조응하지 않는 경우가 있다.
탱고와 탱고 음악의 탄생과 발전의 역사를 개괄해본다.

탱고의 탄생(1860~1890년대)
이 시기는 춤/춤곡으로서의 탱고/탱고 음악이 발생하여 틀을 갖추
기까지의 연대이며, 탱고 춤과 탱고 음악이 분화되기 이전 단계다.
즉, 탱고 춤과 탱고 음악이 하나였던 시기다. 탱고의 기원에 대한
대략적인 설명은 아프리카, 중미, 남미의 민속 음악에 유럽의 리듬
과 스텝이 더해져서 현재의 탱고가 탄생했다는 것이다. 즉 아프리

카에 기원을 둔 경쾌한 리듬 칸돔베candombes, 쿠바 선원들로부터 전해진 아바네라habanera, 아르헨티나 시골 목동들이 즐기던 빠야다payadas가 섞여서 밀롱가(현재의 밀롱가와는 다름)가 만들어졌고, 이를 바탕으로 초기 탱고가 만들어졌다. 그리고 이러한 과정을 주도한 것은 1880년 이래로 대거 유입된 유럽 이민자, 특히 이탈리아 이민자였다. 요컨대 탱고 탄생은 아프리카-중미-남미-유럽문화를 뒤섞은 문화 혼융의 결과였다.

탱고는 쁠라따강Rio de la Plata 양안兩岸인 아르헨티나의 부에노스아이레스와 우루과이 몬테비데오 지역을 중심으로 일어났는데, 이 중 부에노스아이레스의 신흥공업지대인 라보까La Boca 지역이 최초의 탄생지라는 것이 정설이다. 이곳은 유럽 이민계 및 이농離農 노동자들이 집중 거주한 지역이었다. 말하자면 탱고는 이민자들을 비롯한 당시 하층 그룹에 의해 만들어진 것이다. 탱고의 탄생과 관련하여 '유곽' 탄생설이 있으나, 이는 다소 낭만적으로 꾸며지거나 오인된 것으로 보인다.[4] 탱고의 인기 때문에 유곽에서도 많이 연주되었을 것이라는 게 상식이다. 탱고의 기원을 설명할 때 유의할 부분이다.

세기 전환기인 1890년대 말부터 최초의 현대적 탱고 곡들이 작곡되었는데, *El talar* (1894), *El entrerriano* (1897), *Don Juan* (1898, 이 곡은 최초의 녹음곡이기도 하다. 1911년 녹음), *El choclo* (1903),

---

4   데니스턴(Christine Denniston)은 탱고가 유곽에서 발생했다는 증거도, 여자 종사자와 남자 손님이 탱고를 즐겼다는 어떤 정황도 없다고 주장한다. 당시에 탱고와 탱고 음악이 유행했기 때문에 대기 시간 중에 그 음악이 연주되었을 뿐이라는 것이다. Denniston, Christine. *The Meaning Of Tango,* Portico (2007). p. 58. "One of the most persistent clichés about the origin of Tango is that it was born in the brothels of Buenos Aires – an idea that has clearly captured many people's imagination."

La morocha (1905) 등이 그러하다. 초기 탱고에 해당하는 이 시기에는 기타, 바이올린, 플루트로 구성된 소규모 탱고 밴드가 연주하고 그에 맞춰 춤을 췄다.

초기 탱고에서 현대적 탱고로(1900~1910년대)

세기 전환기에 탄생한 탱고는 20세기 초 급속도로 그 세력을 확장한다. 확장의 범위는 라보까를 넘어 부에노스아이레스 시내 중심으로, 스페인어권 지역과 유럽으로 나아갔다. 1900년대 중반 이후에는 이미 아르헨티나에서도 이민계 혹은 하층민만의 음악이 아니었고, 유럽에서도 크게 유행했다. 최초의 탱고 음악 전파는 1906년 악보 상태로 전파된 앙헬 비욜도Ángel Villoldo 곡의 *El Choclo*와 *La Morocha*였다. 당시 유럽의 유행을 선도했던 프랑스 상류층을 시작으로 해서 이탈리아, 독일, 영국, 미국에까지 전파되었다. 프랑스를 중심으로 탱고 붐이 크게 일었던 1912년부터 1914년까지의 기간을 '땅고 마니아'Tango mania라 한다.

한편, 탱고 악단의 편성에서도 큰 변화를 겪는다. 독일 이민계에 의해 도입된 반도네온은 1910년 이후 확고하게 자리를 잡는다. 피아노도 기타를 밀어내고 자리를 잡는다. 피르뽀Roberto Firpo는 1906년 6인조Sextet를 정립하는데, 2대의 반도네온과 2대의 바이올린, 피아노, 콘트라베이스로 구성되었다. 이로써 현대적 탱고 악단의 포메이션이 완성된 것이다. 현대적 표준 탱고 악단인 오르께스따 띠삐까Orchesta Típica의 탄생이다. 특히 반도네온의 편입은 음색과 리듬의 변화를 통해 탱고가 경쾌한 오락 음악에서 진지한 예술 음악으로 변화하는 계기가 되었다. 부에노스아이레스의 탱고 중심지도 1909년부터 라보까 지역에서 시내 중심지로 이동하기 시작한

다. 탱고가 주변부 문화(하층문화)에서 주류 문화로의 위상 변화를
시작한 시대로 보아야 할 것이다.[5]

탱고 깐시온Tango-Canción-탱고 밀롱가Tango-Milonga의
분화, 초기 황금기(1920년대~1935년)

춤곡으로 탄생한 탱고 음악은 그 부흥기를 맞이하는 한편 탱고 깐
시온을 탄생시키게 되는데, 탱고 깐시온이란 춤곡이라기보다는 가
수의 노래, 즉 가요를 의미한다. 탱고 음악과 탱고 춤의 분화 현상
이 나타나기 시작한 것이다.

먼저 춤곡으로서의 탱고 음악은 탱고 악단의 구성이 6인조
Sextet(바이올린 2-반도네온 2-피아노-베이스로 구성)로 정착되고
(1920년대 전반), 전기녹음이 본격화(1926년 도입)되면서 상업적
으로 성공을 거둔다. 대표적인 악단은 프란시스꼬 까나로Francisco
Canaro, 프란시스꼬 로무또Francisco Lomuto, 오스발도 프레세도Os-
valdo Fresedo, 데까로Julio De Caro 등이다. 이들은 1920년대 후반부터
1930년대 전반까지 탱고 춤곡의 지배권을 행사하게 된다.

탱고 깐시온은 까를로스 가르델(1887~1935)로 대표되는데, 가
르델은 1917년 데뷔하여 히트시켰고(*Mi Noche Triste*), 1928년에는

5　두조브네(Beatriz Dujovne)는 탱고가 하층민들 사이에서만 유행했다는 설을 기각하
고, 상류층도 유럽으로 전파되기 전(1900~1910년대 초반) 탱고를 즐겼다는 증거를 제시
하고 있다. 그 예시로 오페라하우스에서 밀롱가가 개최되었는데, 그 오페라하우스(Teatro
Opera)는 이용료가 매우 비싸서 경제적 여유가 있는 상류층이 이용할 만한 장소였다는
것이다. 이 외에도 당시 탱고가 상·하류층을 막론하고 대중문화로 자리 잡은 증거는 많
다. 엘리트층 일부에서 탱고는 이민자들의 정체성을 형성하는 음악으로서 전 국민적 정
체성으로 삼기에는 부적절하다는 의견이 있었던 정도라고 한다(*In Strangers' Arms: The
Magic of the Tango*, 2011).

파리에 성공적으로 진출한 데 이어 비행기 사고로 1935년 6월 24일 사망하기까지 유럽-미국-아르헨티나를 오가며 탱고의 아이콘으로 자리 잡았다. 1920년대 말부터 1930년대 초반에는 가르델의 인기에 힘입어 탱고 깐시온이 지배적인 장르가 되면서 춤곡으로서의 탱고는 오히려 퇴조하게 된다. 가르델에 이르러 탱고 춤과 탱고 음악 간의 분화가 일어난 셈이다.

탱고 음악과 탱고 춤의 분화 현상은 비단 탱고 깐시온에만 국한된 현상은 아니었다. 데까로는 1924년 6인조Sextet 악단을 결성하고, "탱고도 음악이다Tango is also music"라는 기치를 내걸고 단순한 춤곡으로서 탱고의 정체성을 극복하고자 했다. 데까로를 중심으로 전개된 이러한 흐름은 탱고계 내에서 '정통 댄스파'에 맞선 '혁신파'를 구성하게 되는데, 이는 향후 탱고 발전 및 분화의 원동력으로 작용한다. 혁신파에는 라우렌스Pedro Laurens, 뿌글리에세 등이 속해 있었고, 데까로는 그 스스로는 충분한 성공을 거두지 못했지만, 뿌글리에세에 이르러 그 완성의 꽃을 피우는 데 밑거름 역할을 한다. 이리하여 탱고 음악은 탱고 깐시온(노래), 탱고 밀롱가(춤곡), 그리고 음악적 세련성을 강조하는 가르디아 누에바Guardia nueva=new guard라는 세 가지 방향성을 가지고 분화·발전하게 된다.

탱고 댄스 오케스트라의 황금기(1935년~1940년대)

1930년대에는 오케스트라의 규모가 더욱 커지고[6인조 악단에서 10인조 악단이 표준 악단Orchesta Típica으로 자리 잡음. 바이올린 4-반도네온 4-피아노-베이스로 구성], 라디오와 축음기의 영향으로 탱고는 더욱 대중의 인기를 끌게 되었다. 노래에 밀려있던 춤과 춤추기 좋은 탱고 음악이 1930년대 후반 이후 다시 활성화되었다. 이러한 계기를 결정적으로 제공한 오케스트라가 다리엔소 오케스트라(1935년부터 본격적인 활동 시작)다. 춤추기 위한 탱고 음악을 연주하는 오케스트라를 '탱고 댄스 오케스트라'라고 한다. 이러한 탱고 댄스 오케스트라와 그들의 탱고 음악은 그 이후 1940년대 후반기(혹은 1950년대 전반기)까지 최고 황금기를 구가하게 된다. 이를 통상 '황금기'Golden Ages라 한다. 탱고 학자마다 시기 구분은 다소 다르지만, 1940년대를 전후한 15~20여 년간이 탱고 댄스 음악의 최고 전성기다. 우리가 현대의 밀롱가에서 듣게 되는 음악은 대부분 이 시기의 음악이다. 대표적인 악단으로는 다리엔소 외에 디살리, 뜨로일로, 뿌글리에세, 딴뚜리, 다고스띠노, 깔로 등이 있다.

한편 1935년 가르델의 사망과 다리엔소의 등장은 탱고 깐시온의 퇴조 계기가 되지만, 탱고 깐시온의 전통은 1940년대 오케스트라 가수cantor de orquesta 비중이 커지면서 댄스 음악과 통합되어 부활했다고도 볼 수 있다. 1940년대 후반기부터는 춤과 노래로서의 탱고에 뒤이어 감상용 연주곡으로서의 탱고 장르가 발전했다. 음반 시장이 활성화된 가운데, 탱고 악단의 다양하고 활발한 활동을 통해 춤이나 노래를 위한 반주가 아닌 연주와 감상을 위한 탱고 곡들의 비중이 커지기 시작했다. 후기 뜨로일로 등에서 이러한 경향이 강화되며, 1950년대 후반 이후 삐아졸라에서 그 정점을 이룬다.

황금기에서 침체기로의 이행(1950년대)

1955년 아르헨티나에서 발생한 군사쿠데타 및 그 이후의 군정은 탱고계의 모습을 결정적으로 바꿔놓은 계기가 되었다. 공개적이고 일정한 규모 이상의 모임 자체가 어려워졌으며, 탱고에 대해 페론주의적 혐의를 덧씌우는 등의 정치적·사회적 압력도 가해졌다.[6] 탱고는 황금기 악단인 디살리, 다리엔소 등의 활동으로 그 잔영만 근근이 유지하고 있던 시절이었다. 디살리는 1958년 11월 녹음을 마지막으로 그 1년여 뒤인 1960년 1월 숨을 거두는데, 탱고의 운명에 대한 메타포 같다는 느낌이 든다. 다만 1950년대의 위안으로는 다리엔소가 1951년 발매한 *La cumparsita*가 메가 히트(전 세계 누적 1,400만 장)를 기록하면서 탱고 곡의 아이콘으로 자리 잡았으며, 지금까지도 밀롱가의 마지막 곡으로 트는 전통을 만들었다는 것이다.

'전통 탱고'의 퇴장, '누에보 탱고'의 탄생(1960~1970년대)

다리엔소가 1975년 1월까지 녹음을 이어가지만, 춤추기 좋은 '전통트래디셔널Traditional 탱고'는 확실히 저물었다. 특히 젊은 세대들에게 황금기 댄스 음악과 춤은 잊힌 춤과 음악이 되었다. 그 대신 새로운 탱고가 피어올랐다. 바로 삐아졸라의 '땅고 누에보'Tango Nuevo다('새로운 탱고'라는 뜻. 1960년 〈Quinteto Nuevo Tango〉 결성). 삐아졸라는 탱고에 재즈와 클래식 음악의 특징들을 녹여내어 새로운 느낌의 탱고를 탄생시켰다. 누에보 탱고 음악은 춤추기 좋은 비트와 리듬이 사라지고, 극단적인 템포의 변화 및 3-3-2 싱코페이션 리듬, 매우 서정적 멜로디 라인을 추구한다. 여기서 우리는 또 하나의 역설을 발견하게 되는데, 춤곡으로서의 탱고 음악은 '침묵의 시간'을 겪지만, 비非춤곡 기준으로는 가르델 이후 40여 년 만에 탱고

---

6 이에 대해서는 문헌상 모임 금지의 구체적 기준을 찾을 수 없었다. 분명한 것은 탱고 춤이 지하세계로 내려갔다는 것이다. 하재봉(《땅고》, 2017)에 따르면 1976년의 쿠데타는 모임 금지의 구체적 기준(세 사람 이상 모임 금지 등)을 지정한 듯하다.

음악 '부활의 시간'을 맞이한 것이다. 삐아졸라는 탱고 음악을 클래식에 버금가는 '음악 예술'의 수준으로까지 격상시킨 음악가로 세계적으로 인정받았지만, 정작 아르헨티나 본국에서는 그만큼 인정받지 못했다. 그것은 아르헨티나인이 생각하는 탱고의 정체성과는 맞지 않았기 때문이다. 그 정체성 중의 핵심은 춤곡으로서의 정체성인데, 이 부분이 결여되어 정통에서 벗어난다고 본 것이다.

'공연예술'로서의 탱고의 부활, 삐아졸라의 계속된 '전진'(1980년대)

한편 1980년대는 춤으로서의 탱고가 (소셜 댄스가 아닌) 무대공연 예술로서 다시 태어난 시기다. 1980년부터 아르헨티나 탱고 공연단이 활동하기 시작하는데, 마침내 1985년 《땅고 아르헨띠노Tango Argentino》[7] 탱고 공연단이 미국 브로드웨이에서 크게 성공을 거두기에 이른다. 소위 '쇼 탱고' 혹은 '스테이지 탱고'를 통해 춤으로서의 탱고가 마침내 부활한 것이다. 이후로 '탱고 르네상스'가 시작되는데, 쇼 탱고 형식으로 부활한 탱고는 이후 '소셜 탱고' 문화로서도 확산되어간다. 이와 함께 삐아졸라도 전 세계 순회공연을 통해 자신의 음악을 전 세계인에게 각인시켜나가면서 감상용 탱고의 아이콘이 된다.

---

7 후안 까를로스 꼬뻬스(Juan Carlos Copes)가 파트너 마리아 니에베스(Maria Nieves)와 함께 탱고에 발레, 재즈 등을 접목한 뒤 뮤지컬로 기획하여 1983년 초연한 작품이다 (오디세우스 다다, 《오직 땅고만을 추었다》 인용).

탱고의 혁신·분화(1990년대~)

1980년 말 이후, 본격적으로는 1990년대 이후에는 춤으로서의 '땅고 누에보'(이후 '누에보 탱고'로 통칭)가 발전하는데, 전통 탱고 춤에서보다는 동작을 크게 하고, 실험적 동작들을 새롭게 연구하여 발전시켰다.[8] 이는 무대 공연예술의 영향도 있었고, 삐아졸라의 '땅고 누에보' 음악의 영향도 있었다. 한편 전자음을 사용한 새로운 탱고 음악인 일렉트릭 탱고[9]도 선보였으며, 전통적 탱고 음악들을 연주하는 현대 탱고 악단들도 생겨났다. 그리고 무엇보다 밀롱가에서 탱고를 추는 일반인들이 다시 폭발적으로 증가했다. 무대 탱고, 듣는 음악을 경로로 하여 소셜 댄스로서의 탱고, 춤추는 음악으로서의 탱고 음악이 부활한 것이다. 한편, 탱고의 부활을 수렴하면서 더욱 촉진하는 계기가 된 사건은 1998년 시작된 'CITA(Congress International Tango Argentina)'라는 대규모 탱고 페스티발과 아르헨티나 당국이 2003년부터 개최하기 시작한 세계탱고대회, 즉 문디알 데 땅고Mundial de Tango였다. 한국에 탱고가 본격적으로 보급되기 시작한 것도 이 무렵, 즉 2000년대 초반이라고 보면 된다[2000년은 솔땅 및 대전 땅겐미 등 동호회가 결성되고, 탱고바 아수까(대전)가 만들어지는 등 한국 탱고의 점화기였다. 2003년 12월에는 서울에 탱고바 오나다가 오픈한다].

---

8 이 시기 땅고 누에보 춤의 대표적 댄서로는 파블로 베론, 구스타보 누비에라, 파비안 살라스 등이고, 이후 치초 프룸볼리, 세바스찬 아르세 등이 그 흐름을 이어받는다.
9 Gotan Project 히트로 일렉트릭 탱고 유행기를 열었는데, Gotan은 탱고의 앞뒤 음절을 순서를 바꾸어 표현한 것이다. 이 외에도 Bajofondo Tango Club 등이 인기를 얻었다.

그리하여 지금은 ① 듣는 음악으로서의 '누에보' 탱고 음악(물론 어렵지만 이에 맞춰 춤도 출 수 있다. → ③-2로 연결됨), ② 공연예술로서의 '에세나리오'Escenario 탱고, ③ 밀롱가에서 트는 탱고(음악과 춤)로 분화되었고, 다시 ③ 내에서도 ③-1 전통적 탱고 음악에 맞춰 추는 탱고와 ③-2 새로운 탱고 음악에 맞춰 추는 '누에보' 탱고 춤으로 분화되었다고 봐야 할 것이다. 또한 이러한 분화의 흐름은 통합의 흐름으로 나타나기도 한다. 즉 상호 영향을 주고받으며 탱고 문화를 만들어가면서, 탱고를 향유하는 주체들 역시 이런 분화-통합의 흐름 속에서 자신만의 탱고 스타일을 추구하고 있다고 할 것이다.

여기서 다시 앞의 문제로 돌아가서 탱고와 탱고 음악의 관계를 정의해보자. 이를 위해 우리는 탱고 음악과 탱고 춤의 탄생과 발전 경과를 대략 살펴봤다. 결론적으로, 탱고 춤과 탱고 음악은 처음에는 한 몸처럼 탄생했다가 탱고 음악이 탱고 춤으로부터 독립·분화의 과정을 거치면서 서로의 발전을 자극해왔다는 것이다. 다시 말해 탱고 깐시온으로 분리되었다가, 댄스 오케스트라 시기에는 다시 합쳐졌다가, 삐아졸라의 '누에보 탱고'에서 다시 분리되었다가, 현대의 밀롱가 문화에서 다시 합쳐졌다. 탱고 춤으로부터 탱고 음악을 정의하면, 탱고 음악은 '탱고 춤에 조응하는 음악'과 그렇지 않은 음악('혹은 덜 조응하는 음악')으로 나뉜다고 할 것이다.

그렇다면 '탱고 춤에 조응하지 않는 음악'도 '탱고 음악'으로 분류해야 할 것인가 하는 의문점이 생긴다. 삐아졸라 음악을 '탱고 음악'이 아니라고는 할 수 없을 것이므로 다음과 같이 정리해야 할 것이다. 탱고 춤에 조응하는 춤은 '탱고 댄스 음악'이라고 하고, 이를 포함해 '광의의 탱고 음악'은 춤에 조응하거나 덜 조응하는 음

악을 다 포괄한다고. 이러한 맥락 안에서 여기서는 특별한 언급이 없으면 탱
고 음악은 '탱고라는 춤에 조응하여 작곡되고 연주된 음악'을 지칭한다. 그
리하여 우리가 다루는 탱고 음악은 '탱고 댄스 음악'을 가리키며, 집중적인
탐구대상은 '황금기 탱고 댄스 음악(1930~1950년대)'이다.

탱고의 역사: 주요 사건과 의미, 영향관계

연대	정치·경제·사회	주요 사건(탱고 및 탱고 음악) ⇒ 의미와 특성, 영향관계
1860~1890년대	• 부에노스아이레스, 아르헨티나 연방 수도로 선포(1880) * 스페인으로부터 독립은 1816년 7월 9일 • 유럽 이민 물결(1880년~제2차 세계대전)	• 탱고 탄생: 문화 혼융의 결과 아프리카, 중미, 남미의 민속 음악에 유럽의 리듬과 스텝이 더해져서 현재의 탱고가 탄생함 * 칸돔베(아프리카), 아바네라(쿠바), 빠야다(아르헨티나 시골) → 밀롱가 → 탱고 • 탱고의 탄생지: 부에노스아이레스 신흥공업지대 라보까(이민자 및 이농 노동자 거주 구역) - 쁠라따강(Rio de la Plata) 건너 우루과이 몬테비데오 지역에서도 발생 • 최초의 현대적 탱고는 세기 전환기인 1890년대 말부터 1990년대 초에 작곡됨: *El talar* (1894), *El entrerriano* (1897), *Don Juan* (1898, 최초의 녹음곡 1911), *El choclo* (1903), *La morocha* (1905) 등 • 소규모 탱고 밴드(기타, 바이올린, 플루트)가 연주하고 그에 맞춰 춤을 춤 • 초기 탱고에서 현대적 탱고로의 발전은 유럽 이민자 중 이탈리아계 주도

연대	정치·경제· 사회	주요 사건(탱고 및 탱고 음악) ⇒ 의미와 특성, 영향관계
1900~ 1910년대	• 1912년 보통 선거법 제정 → 하층민에 게도 선거권 부여 • 제1차 세계 대전 (1914~1918)	• 악기 편성의 변화 → Orchesta Típica 정립(피아노+바이올린+반 도네온+콘트라베이스, 1916~) - 반도네온(1900년대, 독일계 이민자에 의해 도입, 그레꼬 등에 의 해 탱고악단에 편입), 피아노(피아니스트 피르뽀에 의해 선도), 콘트라베이스(까나로 및 피르뽀, 1916)가 탱고 악단의 편성 악기 로 편입 → 음색과 리듬의 변화, 탱고 정체성의 변화(경쾌한 오락 음악 → 진지한 예술 음악) 변화 계기 • 탱고의 중심지 이동(1909년 말~): 라보까 → 시내 중심지(Corri- entes) * 주변부 문화(하층문화)에서 상업적·문화적 주류 문화로의 위상 변화를 의미함 • 탱고의 전파: 탱고 악보(*El Choclo, La Morocha*) 유럽 최초 소개 (1906) → 유럽의 탱고 열풍(1912~1914년 탱고 마니아 시기 등)으 로 이어짐. 이후 유럽 탱고는 콘티넨털 탱고로 분화 • 까나로 첫 녹음(1915, *El chamuyo*) / 가르델(Gardel) 첫 녹음(1917, *Mi noche triste*)
1920년대	• 세계 경제 대공황 (1929~1939)	• 데까로 Sextet 결성(1924) 및 "탱고도 음악이다" 선언 ⇒ 탱고 음 악의 분화 - 탱고 깐시온(노래), 탱고 밀롱가(춤곡), 그리고 'Guardia nue- va'(new guard, 음악적 '귀를 위한' 음악적 세련성 강조), 세 가지 방향성을 가지고 탱고 음악이 분화·발전함 * 데까로 이전의 탱고 음악을 'Guardia vieja'(old guard)라고 하는데, 단순한 리듬의 춤곡을 의미함 • 전기 녹음 도입(1926) → 사운드 질의 획기적 개선 → 상업적 확 산 계기, 초기 탱고 황금기 촉진 * 레코딩을 통해 듣는 음악은 이 시기부터의 음악임

연대	정치·경제·사회	주요 사건(탱고 및 탱고 음악) ⇒ 의미와 특성, 영향관계
1930년대	• 제2차 세계 대전 발발 (1939~1945)	• 가르델의 사망(1935) → 다리엔소의 등장과 맞물려 탱고 깐시온의 퇴조 계기. 그러나 탱고 깐시온의 전통은 1940년대 오케스트라 가수(Cantor de orquesta) 비중이 커지면서 댄스 음악과 통합되어 부활 • 다리엔소의 등장(1935) → 탱고 댄스 오케스트라의 황금기 (1935~1955) 시작
1940년대	• 페론 정권 (1946~1955)	• 디살리(1939년 12월), 뜨로일로(1941), 뿌글리에세(1943) 레코딩 및 본격 활동 → 탱고 춤과 탱고 댄스 오케스트라의 최고 전성기. 황금 연대
1950년대	• 군사쿠데타, 페론 정권 축출(1955)	• 다리엔소 *La cumparsita* 메가 히트(1951, 누적 1,400만 장), 디살리는 1958년까지 활동(1960년 1월 사망) • 탱고 황금기 종결(1935~1955), 암흑기로의 이행기(1955년 이후)
1960~1970년대	• 페론 정권 복귀(1973) • 군사쿠데타 군정 시작 (1976~1983)	• 전통 탱고 암흑기(1960~1970년대). 특히 젊은 세대들에게 황금기 댄스 음악과 춤은 잊힌 춤과 음악이 되었음 • 삐아졸라, Quinteto Nuevo 결성(1960) → '땅고 누에보' 음악의 시작 → '귀로 듣는 음악'을 세계적으로 알린 시대. *Libertango* (1974)
1980~1990년대	• 포클랜드 전쟁(1982) • 1983년 민주화	• 탱고 뮤지컬 《땅고 아르헨티노》 유럽(1983), 미국 브로드웨이(1985) 흥행(1994년에는 《Forever Tango》가 흥행을 이어감) → 탱고 르네상스의 시작 - '쇼 탱고' 형식으로 탱고 부활 → 이후 '소셜 댄스'로서의 탱고 문화 확산 • 탱고 누에보 춤 등장: 파블로 베론, 구스타보 나비에라, 파비안 살라스, 치초 프룸볼리, 세바스찬 아르세 등 • CITA 출범(1998), 탱고 누에보를 중심으로 새로운 탱고 트렌드 소개 및 뉴 스타 등장 계기

연대	정치·경제·사회	주요 사건(탱고 및 탱고 음악) ⇒ 의미와 특성, 영향관계
2000년대 이후	• New mille- nium crisis (1999~2003) - 아르헨티나 경제 위기	• '일렉트릭 탱고'(electrotango) 음악 등장(2000년대~): Gotan 프로 젝트, Bajofondo 등 • 탱고 문디알 대회 출범(2003) - 탱고 살론 부문과 탱고 에세나리오 부문으로 대회 출범 → 탱고 살론은 이후 탱고 삐스따로 개칭 • 아르헨티나(우루과이) 탱고 — 음악, 춤, 노랫말 — 가 세계문화유 산으로 지정(2009)

나의 탱고 스토리(1): 탱고 입문기

이 이야기는 20여 년 전으로 훌쩍 거슬러 올라간다. 당시 나는 청와대 근무 중이었다. 1998년 김대중 대통령의 취임에 맞춰 청와대에 '입성'하여 근무를 시작한 이후 노무현 대통령 시절까지 8년 가까이 청와대에서 근무했다. 시기를 특정할 수는 없지만, 탱고와의 만남은 그 시절 이루어졌다. 영화《탱고 레슨》을 만난 것이다. 시기를 특정할 수 없다 함은 영화가 개봉된 시점에 대한 자료와 내가 그 영화를 보았다고 기억하고 있는 시점이 일치하지 않기 때문이다. 인터넷을 찾아보면 개봉 시점이 1998년 7월로 되어 있는데, 내가 기억하는 시점은 그보다 훨씬 뒤이기 때문이다. 광화문 시네큐브에서 혼자서 보았는데, 그때의 인상이 너무나도 강렬했다. 그 인상을 가슴에 쟁여두고 몇 년을 그냥 보냈다. 당시 근무 사정으로는 도저히 탱고를 배울 짬을 내기 어려웠기 때문이고, 집안 사정도 마찬가지였다. 그때 이리저리 인터넷을 뒤졌던 기억이 난다. '아땅'(아름다운 땅고, 김근형 님 운영), '땅고아르떼'(페닌슐라 님 운영) 등이 검색에 걸렸는데, 그룹 레슨 시간을 맞추기가 도저히 어려웠다. 당시는 토요일에도 근무하던 시절인 데다가, 아침 7시 무렵 출근하는 청와대 생활이었다. 그래도 그 강렬한 인상과 탱고를 배워야겠다는 '욕망'은 늘 있었다. 지금 그 영화를 다시 봐도 신선함은 여전하다. 주인공인 샐리 포터와 파블로 베론이 빗속에서, 가로등 비치는 강변에서, 스튜디오에서, 밀롱가와 카페에서 추던 탱고는 너무나도 멋졌다.

그러고는 2005년 11월 과천에 있는 보건복지부로 자리를 옮겼다. 보건복지부 역시 업무는 과중했다. 내 업무가 특별히 많았다기보다는 보건복지부라는 부처 전체 그리고 내가 속해있던 부서의 업무가 많아서 거의 늘 야근이었다. 직장이 광화문에서 과천으로 내려온 데다가 야근을 밥 먹듯 하니, 탱고를 배우는 것과는 더 멀어져만 간다고 느껴졌다. 그러던 차에 과천문화원에서 댄스스포츠를 가르친다는 소식이 들려왔다. 저녁 먹은 직후부터 1시간 남짓 수업이 진행되어서 그 수업을 듣고 나서 사무실에 복귀하면 되었다. 내가 배우려 했던 '아르헨티나 탱고'는 아니었지만, 우선은 춤의 세계에 입문해야 했다. 그렇게 댄스스포츠 내의 탱고(아르헨티나 탱고와는 다른 춤임), 룸바, 왈츠를 한 달씩 돌아가면서 배웠는데, 춤이 잘 익혀지지는 않았고 원래 배우려던 춤이 아니어서 그렇게 흥이 나진 않았다. 그런데 과천문화원 수업을 같이 듣던 복지부 동료 한 분이 강남 역삼동 쪽에서 탱고 강좌가 열린다는 소식을 전해주었다. '중년 살사 모임'이라는 동호회에서 탱고 강사를 초빙해 강좌를 진행하는 방식이었다. 이걸 듣지 못하면 내 생애에 탱고는 들어오지 못할 것만 같았다. 그래서 그 강좌에 참여하게 되었다. 그때 선생님이 김동석 님과 리타 님이었다. 그때 어려운 상황에서도 역삼동을 오가며 가슴에 새긴 말이 있었다. 탱고를 배우지 않으면, 언제일지는 모르지만 "임종을 맞이하는 그 순간에 천장을 바라보면서 반드시 후회하리라"는 점이었다.

강좌에 참여했다고 탱고에 입문하는 것은 아니라는 점을 알 만한 분들은 아마도 아실 것이다. 그때 그 수업에 참여했던 사람 중 밀롱가에 입성하여 실전 탱고를 추게 될 분들은 극히 소수였다. "몇 년이 지나고 보니 두어 명이 추고 있고, 또 몇 년이 지나고 보니 나 혼자 남아있다." 이런 식의 스토리가 전개될법한데, 그때 역삼동 외에도 추가로 소개받아 탱고를 배우던 인덕원 라틴댄스 동호회 멤버 중에는 현재까지도 탱고에 자리하고 계신 분들이 있으니 감사한 일이다. 판도라 님이 그러하다. 아니, 남의 얘기를 하기 전에 나 자신이 탱고에 아직 자리하고 있다는 것이 감사한 일이다. 어쨌든 강좌를 시작한 몇 개월 후 처음으로 진출한 밀롱가가 당시 이태원에 자리 잡고 있던 '탱고 인 서울'이다. 대로변 큰 건물 3층 널찍한 자리를 잡고 있던 시절과 이후 작은 이면도로에 있던 작은 카페로 옮겨간 시절이 있었는데, 매니저는 탱고동호회 '아딕'(아딕시온) 멤버였던 보엠 님과 '솔땅'(솔로 땅고) 출신인 푸른비 님이었다. 아딕시온이 '탱고 인 서울'에서 정모 모임을 하면서 자연스레 아딕시온 멤버들과 가까워질 수 있었다. 이 이야기는 나의 탱고 입문 이야기이므로 그에 이어진 이야기는 생략하고 첫 밀롱가를 얘기하고자 한다. 첫 땅게라는 보엠 님이 소개해준 재즈소녀 님이었다. 완전 초보인 나를 상대로 춤을 춰야만 했으니 재즈소녀 님의 고충이 당연히 있었을법하지만, 나는 그런 생각보다는 첫 딴다의 감격만을 누리고 있었던 것 같다. 그녀가 끄루사다를 하던 그 순간, '끄루사다'는 설명하자면 여자(팔로워)가 뒤로 스텝을 하면서 오른발 위에 왼발을 겹쳐놓는, 즉 크로스하는 동작을 의미하는데, 그 멋스러운 순간에 나는 헤어나올 수 없으리만큼 탱고에 깊숙이 발을 들여놓은 것 같았다.

실제로 그랬다. 나는 탱고에 깊숙이 발을 들여놓고 헤어나오지 못했다. 그 이후로 나는 십수 년간 한눈 팔지 않고 이 취미만(이것을 취미 영역으로 카테고리 짓자면) 해왔다. 골프나 등산이나 그 무엇도 나의 흥미를 끌지 못했다. 탱고는 순간순간 재미를 주면서도 끊임없이 과제거리를 던져주었다. 나의 춤을 개선하기 위해 수업, 생각, 훈련을 끊임없이 하도록 했고, 탱고 음악을 끊임없이 듣게 했으며, 시와 에세이를 포함하여 끊임없이 글을 쓰게 만들었다. 첫 밀롱가 이후 10년 정도 지난 시점에 오나다에서 재즈소녀 님과 우연히 조우했다. 호주에 가서 살고 있는데, 잠시 귀국한 참이라는 것이었다. 첫 딴다의 감격을 안겨준 이는 너무 멀리서 살고 있었다. 완전 초보를 받아준 그 친절함을 되갚기 위해 나는 열심을 다해 추었으나 그를 감흥하게 했는지는 알 수 없다. 이런 궁금함을 탐구하는 것이 탱고의 묘미 중 하나다. 끝내 그 궁금함을 해소할 수는 없으리라. 상대방의 마음을, 한두 명이 아닌 여러 사람 각자의 마음을 다 알 수 없기 때문이다.

제2부

탱고의
가치 체계

8
탱고의 핵심가치: 파트너 커넥션 + 안무적 자유

탱고의 핵심가치는 무엇이며, 탱고는 무엇으로 정의되는가? 제1부 '탱고: 정의, 구성요소, 탄생과 발전'에서 탱고의 정의와 탱고 생태계를 살펴보았고, 탱고 춤과 탱고 음악의 상호작용에 대해서도 알아보았다. 이제는 탱고의 정의를 넘어서 탱고라는 춤과 음악을 통해 궁극적으로 추구하는 가치가 무엇인지, 그를 통해 도달하려는 경지는 무엇인지 정립해야 할 시간이다.

먼저 파트너십의 관점에서 보자. "It takes two to tango"라는 말에서 볼 수 있듯이, 탱고는 두 사람이 짝을 이뤄 추는 커플 댄스의 대명사로 여겨졌으며, 외교 정책에서 협상의 중요성을 일컫는 비유로 널리 알려졌다. 탱고를 추기 위해서는 두 사람이 필요하다. 외교를 할 때도 상대방을 인정하고 상호이익을 추구해야 한다. 그런데 이 문장이 말하는 바, 두 사람이 필요한 것은 탱고라는 목적을 달성하기 위한 수단만을 지칭하지는 않는다. "파트너십 자체가 탱고의 본질이다." 분리된 둘의 한계성을 벗어나서, 즉 하나가 되고자 하는 욕망의 여러 발현 형태 중 하나가 커플 댄스인데, 커플 댄스 중에서도 탱고에서 가장 아름답고 절제되고 또 깊이 공감하고 소통하는 형태로 자리 잡은 것이다. 탱고는 '깊은 파트너 커넥션'을 핵심가치로 삼으며 그것을 추구한다. 파트너 커넥션은 비단 탱고라는 춤의 시작점인 안기의 형태, 즉 아브라소에만 국한되어 구현되지는 않는다. 플로어에서 만나 탱고를 추는 전 과정에서 파트너 커넥션이 추구된다. 정중한 춤 신청, 아브라소, 리드-팔로우의 흐름, 춤을 마무리하고 원래의 자리로 에스코트할 때까지 전 과정에서의 친절과 배려, 효과적인 동작을 통해 파트너 커넥션을 강화하는 것이다.

우리가 탱고를 추면서 발견한 '공감', '친밀함', '포용'[폴 유진(밀롱게로) 님이 '포용은 포용'이라는 글에서 적절하게 규정한]의 가치는 파트너 커넥션이라는 핵심가치에 통합될 수 있으리라 본다. 우리가 (멀티) 파트너십의 공통된 축이라 부를 만한 '열정', '친절', '미소'도 마찬가지다.

두 번째 본질을 찾아간다. 그것은 '춤' 일반이 가지고 있는 가치에서 출발하는데, 바로 리드미컬한 몸동작이다. 음악과 리드미컬한 동작이 가져다주는 도파민 분출 효과에 대해서는 뒤 챕터에서 다루겠지만, 미리 요약하자면, 규칙적인 박자에 맞춰 몸을 움직임으로써 도파민을 두 번 분출하며, 분당 120비트에 맞춰 춤으로써 같이 공명하고, 당김음을 통해 그 즐거움을 극대화한다는 것이다. 리드미컬한 몸동작에 탱고는 한 가지 차원을 더한다. 바로 자유다. 탱고는 꽤 자유로운 리드미컬 플레이play(놀이, 게임, 동작)를 추구한다. 나는 이 자유롭고 리드미컬한 플레이를 추구하는 탱고의 프레임을 '안무적 자유choreographical freedom'라는 개념으로 칭하고자 한다. 이것이 두 번째 핵심가치다. '안무적 자유'는 탱고 춤을 전개함에서의 즉흥성을 강조하는 한편, '안기'의 프레임과 '파트너 커넥션'이라는 가치에 대한 추구가 탱고라는 춤의 안무적 가능성을 제한하는 방식이어서는 안 되며, 안무적 가능성을 열어젖히는 방식으로 작동되어야 한다는 점을 주장하는 개념이다. 탱고의 자유롭고 리드미컬한 플레이를 위해, 견고한 아브라소와 리드-팔로우 원리에 따른 즉흥성이 앞에서 끌어주며, "엄격하면서도 자유분방한" 탱고 음악이 뒤에서 밀어준다.

그리하여 탱고는 파트너 커넥션과 안무적 자유라는 두 가지 가치가 최적점에서 결합할 때 성립한다. 이 둘 간의 관계에 탱고의 비밀이 숨어있으며, 이 둘 간 관계의 변용에 따라 탱고 스타일이 파생된다. 이 두 가지 핵심가치는 서로 밀어내는 관계가 아니라 서로 끌어당기는 관계라고 나는 믿는다. 하지만 현실에서는 이 두 가지 가치가 서로 경합하고 있기도 하다. 깊은 아브라소에 강조점을 두면서 안무적 자유를 등한시하는 예도 있으며, 반대로 안무적 가능성을 위해 깊은 아브라소를 다소간 '희생'하는 일도 있다. 이어지는 챕터들에서는 탱고가 단단한 아브라소의 기반 위에서 그 안무적 가능성이 열리며 동작들의 아름다움이 꽃핀다는 점을 설명하고자 한다.

9
'핵심가치'를 떠받치는 다섯 가지 요소

탱고의 핵심가치는 파트너 커넥션, 안무적 자유이며 이 두 가지 가치가 최적점에서 결합할 때 탱고가 성립한다고 했다. 그럼, 이제 이러한 탱고의 가치를 획득하기 위한 탱고의 다섯 가지 구성요소를 살펴보자.

첫째, 아브라소abrazo, embrace, 더 정확히 말하자면 클로스 아브라소. 파트너 간 깊은 커넥션을 달성하기 위한 조건이며, 탱고라는 춤의 시작점이자 춤이 전개되어나가는 핵심 프레임이다.

둘째, 디소시아시온disociación, dissociation. 즉, 상·하체 분리 원리를 말한다. 디소시아시온과 아브라소의 변주(밀착성의 변화)로 안무적 자유를 획득할 수 있다. 밀착성을 유지하면서(혹은 밀착성의 손실을 최소화하면서) 동작의 자유를 구현할 수 있다.

셋째, 걷기caminada, walk. 탱고는 워킹 비트walking beat에 맞춰 걷거나 무게중심을 이동하며 추는 걷는 춤walking dance으로, 아브라소의 틀을 유지하며 잘 걷는 것이 탱고라는 춤의 요체에 해당한다. 기술적으로 말하면, 걷기란 리끝에서 시작하여 왼발 및 오른발까지로 이어지는 두 개의 중심축axis을 옮겨놓는 것이다.

넷째, 즉흥성improvization. 리드-팔로우 원리에 기반한 즉흥적 안무를 추구한다. 공연에서는 대체적인 안무의 방향을 정하기도 하겠지만, 일반적으로 밀롱가에서는 사전에 안무가 정해질 수 없다. 이러한 의미에서도 탱고는 자유를 추구하는 춤이다.

다섯째, 탱고 음악. 탱고 음악과 탱고 춤은 그 탄생과 성장 과정에서 서로에게 녹아들어가 있어 분리할 수 없다. 탱고 음악의 예술적·정서적 풍부함과 함께 춤으로서의 탱고가 완성된다.

이 다섯 가지 요소가 잘 결합하고 작동하여 깊은 파트너 커넥션과 함께 자유롭고 리드미컬한 동작이 구현되면, 일상적 체험과는 다른 비일상의 특별한 체험을 하게 된다. 아름다운 음악, 파트너와의 교감과 상호 움직임 속에서 감정이 고양되는 느낌 말이다. 밀롱게로들이 '꼬라손'이라 지칭하는 이러한 상태는 우리가 탱고에서 얻고자 하는 '기대효과' 혹은 '목적'이라 불러도 좋을 것이다. 다섯 가지 구성요소와 '꼬라손'에 대해서는 이어지는 개별 챕터에서 각각 다루기로 한다.

한편, 위의 다섯 가지 요소를 좀 더 축약하여 탱고의 세 가지 핵심 요소를 정리해볼 수도 있다. 첫째, 아브라소(클로스 아브라소), 둘째, 즉흥성 기반 리드미컬한 동작(디소시아시온, 걷기, 즉흥성을 통합하여 표현), 셋째, 탱고 음악. 결국, 이 세 가지 요소의 조합에 따라 탱고의 재미, 탱고의 즐거움, 즐거움을 넘어선 아찔함과 아스라함의 경지에 도달할 수 있다. 둘째 요소와 셋째 요소의 관계는 뮤지컬리티의 주제가 된다.

탱고 가치 체계도

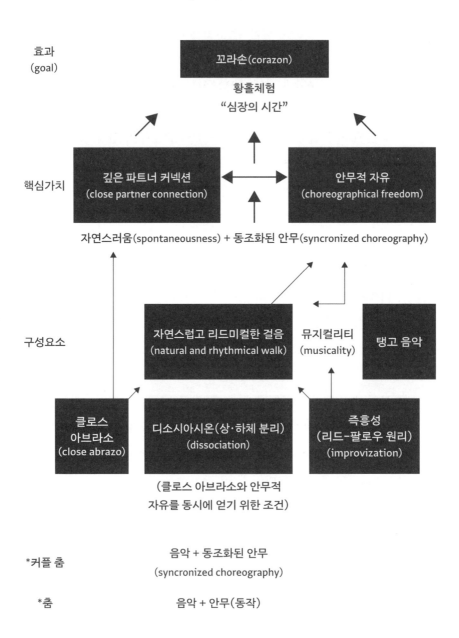

10
파트너 커넥션과 클로스 아브라소

좋은 파트너 커넥션의 조건, 상태

파트너 커넥션은 탱고의 심장에 해당한다. 좋은 파트너 커넥션을 위한 조건과 상태는 무엇인가. 이를 위해 《www.tangoprinciples. org》 말로라트스키Maloratsky의 글을 인용한다(〈Partner Connection: Summary〉 부분). closeness를 '단단함', '가까움', '깊이', '밀착성' 등으로 번역할 수 있는데, 명사로는 '밀착성'이라는 용어를 쓰고, 형용사로는 '깊은' 혹은 '가까운close' 등으로 쓰면서, 맥락에 따라 변용해서 사용한다.

- 파트너 커넥션은 탱고의 심장이라 할 수 있다. 이는 아마도 탱고에서 얻을 수 있는 가장 큰 즐거움의 원천이라 할 수 있겠다. 파트너 커넥션이 좋으면 탱고를 무한 진화시킬 수 있는 길을 열어준다. 반면 파트너 커넥션이 좋지 않으면 큰 걸림돌이 된다.
- 리드lead와 팔로우follw는 탱고 언어의 기초다. 좋은 리드와 팔로우는 진실하고도 저절로 흘러나오는spontaneous 탱고를 출 수 있게 해준다. 마스터 레벨에서는 리드와 팔로우를 초월하여 탱고를 추는 것이 가능하다.
- 움직일 때 커넥션의 밀착성closeness과 커넥션 안에서의 개인의

자유individual freedom가 처음에는 상호 간에 분쟁conflict의 요소로 보일 수도 있지만, 궁극적으로는 서로에게 도움이 되는 것으로 드러난다. 안기의 밀착성은 트레이닝 과정 중에 덜 강조될 수 있을 것이다. 하지만 궁극적으로는 발전한 탱고 춤에서 필수적인 요소다. 파트너 커넥션에서 가장 큰 난관으로 작용하는 것은 각각 몸의 움직임을 자유롭게 하고 온전하게 하면서keeping the freedom and the integrity of individual body movement, 동시에 파트너와 최대한 결합unite되어 있어야 한다는 것이다.

- 파트너 커넥션이 좋으면 힘이 들어가 있지 않은 상태effortless-ness를 만들 수 있다.
- 좋은 파트너 커넥션은 균형을 이루고 있다balanced. 어떤 것이든 파트너에게 기대거나 파트너를 미는 것(안타깝게도 기대거나 미는 것은 둘 다 빈번하게 발생하는데)은 합작하여 춤을 망친다a gross corruption of the dance.
- 좋은 커넥션은 고요함stillness의 질을 담보한다.
- 궁극적인 파트너 커넥션은 최대한 중심화되어 있고centered, 대칭적이다. 하지만 이러한 상태는 좋은 신체 컨디션 없이는 도달하기 힘들다. (중략)
- 좋은 파트너 커섹션은 동조화되어 있다synchronized. 이는 파트너의 리듬과 무게중심 이동이 서로에게 맞춰 튜닝된다는 의미다.

위의 인용들로부터 핵심적인 용어 및 개념화를 위해 정리하자면 첫째, 커넥션의 밀착성close connection이 궁극적으로 발전한 탱고의 필수적인 요소이며, 이것이 개인의 자유와 분쟁하는 것이 아니라 도움을 준다는 것이다(그러나 이것이 자동으로 달성되는 것은 아니며, 난관을 극복하여 달성해야 할 중요한 과업으로 제시된다). 둘째, 좋은 파트너 커넥션은 리드-팔로우 원리에 따라 이루어지며, 궁극적으로 좋은 커넥션은 동조화된 커넥션syncronized connection이다. 밀착된 커넥션은 그 자체로 좋은 커넥션이기도 하지만, 동조화된 커넥션을 이루는 데 효과적이기 때문에 좋은 커넥션의 조건이다. 동조화된 커넥션은 커플 댄스로서의 춤을 완성태로 이끄는 데 필수다.

　동조화된 커넥션은 몸의 언어로서의 공감empathy이 이루어지는 영역이기도 하다. 나는 뒤 챕터(챕터 31)에서 "탱고는 혼자만의 예술이 아니라 둘이 함께 공감을 주고받으며 즐거움의 최적점을 찾아가는 예술이다. 듣고 들려주어서 공감이고, 북돋워주고 어루만짐이어서 공감이고, 피드백이고 튜닝이어서 공감이다"라고 썼다. 강조해야 할 것은 "공감은 마음의 언어라기보다는 몸의 언어"라는 점이다. "동정sympahty과 자주 혼동되곤 하는데, 동정이 타인의 감정을 이해하고자 하는 마음의 행위라면, 공감empathy은 타인과 관계하는 신체적 행위다"(〈10 Surprising Benefits of Argentine Tango〉 from 《www.moonemissary.com》). 즉 공감은 몸에 새겨져 있는데, 탱고라는 춤은 공감 능력을 강화하고, 밀착된 커넥션과 공조된 커넥션을 통해 극대화한다. 공감을 다른 언어로 표현하면, '상호 인지'perception다. 깔리토스 에스삐노자Carlitos Espinoza와 노엘리아 우르따도Noelia Hurtado는 《탱고미트닷컴www.tangomeet.com》 온라인 레슨에서 커넥션과 파트너에 대한 인지를 하나의 주제로 묶어 설명하고 있다. 디테일에 대한 인지를 통해 좋은 커넥션이 가능하다는 설명이다.

파트너 커넥션은 춤의 전 과정을 통해 추구되지만, 그 시작점
은 '안기'의 형태에서 시작된다. 다음 파트에서는 안기의 형태를 다
룬다.

클로스 아브라소Close Abrazo(Closed Abrazo)/Abrazo Cerrado[1]

밀착된 커넥션, 동조화된 커넥션은 어떻게 도달할 수 있을까? 여러
요인 중에서도 가장 우선하여 맞닥뜨리는 문제는 안기, 즉 아브라
소의 형태다. 말로라트스키가 밝힌 견해와 여러 다른 참고사항 및
나의 개인적 경험을 참고하여 정리하면 다음과 같다.

1. 클로스 아브라소는 오픈 아브라소와 비교해 파트너 커넥션을
   이루는 데 있어, 절대적 조건은 아닐지라도, 상당히 유리하다.
   친밀성intimacy의 측면에서는 물론이고, 리드-팔로우 측면에서
   그러하다. 밀착성을 유지했을 때 동조화syncronicity를 쉽게 달성
   할 수 있다.
2. 밀착의 정도를 유지하면서도 동작을 자유롭게 할 수 있는 공
   간을 확보하려면, 일정한 신체적 조건이 확보되어야 한다.
   상·하체 분리의 정도(디소시아시온)가 결정적 요소가 될 수
   있다.
3. 신체적 접촉의 양(거리와 면적)이 밀착성의 질을 결정짓지는
   않는다. 서로의 축을 유지한 채 가깝게 다가갈 수 있어야 한다.
   축이 무너진 상태에서 얼굴이든 가슴이든 직접 닿는다는 것

---

1 클로스 아브라소(close abrazo, 가까운 안기)는 '클로즈드 아브라소(closed abrazo, 닫
힌 안기)'와 혼용해서 쓴다. 스페인어에 따르면 '닫힌 안기Abrazo Cerrado'(↔'열린 안기
Abrazo Abierto')라는 의미이지만, 결국 그 의미는 동일하다.

자체로는 커넥션의 질을 이룰 수 없다. "가슴을 포기할지언정 축을 포기해서는 안 된다." '축'을 달리 표현하면 수직성verticality이다. 앞뒤 그리고 옆에서 봤을 때 수직선이 그려져야 한다.

4. 한쪽(오픈사이드-리더 기준으로 왼쪽 사이드)이 많이 오픈된 스타일은 중심에서 이탈함으로써 커넥션과 동작의 다양성 측면에서 적지 않은 손실을 준다.

5. 가슴 면적을 최대한 밀착시키고 서로의 머리를 완전히 크로스cross시키는 '과잉 밀롱게로 스타일'은 결박의 효과를 가져올 수 있다. 옴짝달싹 못 하게 한다. 가슴을 맞대고 떼지 않는 것이 춤의 목적이 될 수는 없다. 그런데 가슴의 한 지점에서 살짝 맞닿으며 머리를 어느 정도 교차시키는 것은 중심화와 밀착성의 최적 결합점으로서 보편적인 방식이다.

11
걷는 구조＋걷는 리듬＝걷는 춤

아차발Sebastian Achaval과 수아레스Roxana Suarez 커플은 탱고의 세 가지 요소를 제시하는데, "안기＋걷기＋탱고 음악"이라 했다(《탱고 미트닷컴www.tangomeet.com》). 이를 인용하여 탱고를 정의하면 "탱고 음악에 맞춰 파트너와 함께 걷는 춤"이다(챕터 1에서 정리한 바 있다). 그렇다면 구체적으로 '걷기'란 무엇인가. 앞선 챕터에서("탱고 걷기는 근원적 걷기이자 비일상적 걷기다") 인류의 본원적 활동으로서의 '걷기'와 '탱고 걷기'를 제시했는데, 여기에서는 '걷기에 기반한 춤'으로서의 탱고의 식별적 특징을 다루어보고자 한다.

▶ 걷는 구조
아차발과 수아레스는 다음과 같이 말한다. "걷기란 직선 걷기에만 해당하는 것이 아니다. 걷기는 우리가 탱고에서 행하는 모든 움직임에 해당한다."

먼저, '걷는 춤'이라 했을 때, 실제로 이것은 무엇을 의미하는가. 걷기에 대해 기술적으로 말하면, 걷기란 머리끝에서 시작하여 왼발 및 오른발까지로 이어지는 두 개의 중심축axis을 옮겨놓는 것이다. 어느 방향이건 이동 없이 두 개의 중심축을 옮겨놓은 것이라면 제자리걸음이 된다. 옆으로 걸으면 옆걸음side walk이 되고, 앞으로 걸으면 앞걸음, 뒤로 걸으면 뒷걸음이 된다. 이런 기본 걸음을 우리는 '8 살리다'에서 배운다. 리더 기준으로 8 살리다를 설명하면 ① 뒤걷기(오른발 이동), ② 옆걷기(왼발 이동), ③ 앞걷기(오른발 이동), ④ 앞걷기(왼발 이동)+끄루세(팔로워), ⑤ 앞걷기(오른발 이동 및 발 모으기)+끄루세 해제, ⑥ 앞걷기(왼발 이동), ⑦ 옆걷기(오른발 이동), ⑧ 발 모으기(왼발 이동). 이러한 전 과정에서 왼발↔오른발의 무게중심 이동이 일어난다. 걷기란 왼발↔오른발의 무게중심 이동에 다름 아니며, 이 왼발↔오른발의 무게중심 이동이 탱고라는 춤의 전 과정을 지배한다.

무게중심이 있는 발(서포팅 레그supporting leg/디딤발)이 있고, 무게중심이 없는 자유로운 발(프리 레그free leg/자유발)이 있는데, 이 구조를 이해해야 탱고라는 춤을 이해할 수 있다. 탱고는 디딤발과 자유로운 발과의 교환 과정이다. 자유로운 발로는 볼레오, 사까다, 바리다, 간초 등 장식적인 동작들을 할 수 있는데, 이것이 가능하려면 디딤발이 정확하게 플로어에 붙어grounded 있어야 한다. 리드-팔로우를 제대로 하기 위해서는 파트너의 무게중심 상황을 잘 인지하고 있어야 하고, 무게중심 이동을 잘 제어해야 한다. 이것이 전제되어야 동조화된 걸음syncronized walk이 되고, 동조화된 커넥션 syncronized connection이 달성된다.

걷기의 종류는 매우 다양하다. 리더와 팔로워가 마주 보며 걸을 때 디디는 발과 자유로운 발이 평행을 이루면서 걸으면 평행 걷기parallel walk이고, 교차되어 있으면 교차 걷기cross walk다. 이 두 가지 걷기 조합만으로도 탱고 한 곡 전체를 구성하여 출 수 있다. (상세한 내용은 아래에서 다룬다.)

한편 음악에 맞춰 춤춘다고 함은 탱고라는 춤만의 속성이 아니다. 탱고 음악에 맞춰 춤추는 탱고 춤의 특성이 '걷는 춤'이라면, 탱고 음악도 걷는 춤에 맞는 리듬을 제공하고 있느냐는 궁금증이 생기는 게 마땅하다.

▶ 걷는 리듬walking rhythm

탱고 음악은 '걷는 리듬', 달리 말하면 '워킹 비트'에 기반하고 있다. 일상의 걸음 속도에 비하면 느린 비트이거나 빠른 비트인데, 그 비트가 확실히 존재해야 한다. 탱고 음악이 아니더라도 워킹 비트를 느낄 수 있다면 탱고를 출 수 있다.

기본 구조: 탱고, 발스, 밀롱가

일반적으로는 여러 가지 리듬 체계 모두 첫 박에 워킹 비트가 놓인다.

1. 4박자 탱고 리듬에서는 4박자(4음표) 중 (일반적으로) 1박과 3박에 워킹 비트가 놓인다: ① 2 ③ 4 ① 2 ③ 4

2. 2박자 밀롱가 리듬에서도 2박 중 1박에 워킹비트가 놓인다: ① 2 ① 2 ① 2 ① 2

3. 발스 리듬에서는 3박자 중 1박에 워킹 비트가 놓인다: ① 2 3 ① 2 3 ① 2 3 ① 2 3

워킹 비트에 걷는 방법

워킹 비트에 1:1로 조응해서 걸을 필요는 없으며 변화를 주면서 걷는다. 세 가지 기본 패턴이 있다.

1. 1:1로 조응해서 걷는 방법

2. 비트와 비트 사이에 걸음을 넣는 방법: ① ② ③ 4(1박과 3박

사이 2박에도 걸음을 걷는다: 퀵퀵슬로) - 도블레띠엠뽀(영어로는 '더블타임')라고 부른다. 연속으로 모든 박에 스텝을 하면 ① ② ③ ④(퀵퀵퀵퀵) 아주 빠른 걸음이 된다. 발스의 경우에는 ① ② 3 ① ② 3 혹은 1 ② ③ 1 ② ③ 이런 식으로 도블레 띠엠뽀를 구사한다.

3. 비트를 건너뛴다: ① 2 3 4 ① 2 3 4(1박에만 걷고 3박에는 걷지 않는다) - 메디오띠엠뽀(영어로는 '하프타임')라 불린다. 일반적으로 비트를 건너뛰어서 스텝을 하지 않고 멈추어 있는 것을 '빠우사'라 한다.

탱고는 걷는 리듬에 맞춰 추는 걷는 춤이므로 리듬감을 표현하고자 할 때는 걸음, 즉 스텝으로 표현한다. 긴 리듬에는 큰 보폭으로, 빠른 리듬에는 짧은 보폭으로 표현한다. 어떤 경우에는 제자리걸음에 가까운 무게중심 변화로도 충분하다. 가슴을 들썩이거나 손을 들썩이는 것은 좋지 않다.

▶ **걷는 춤: practical guide**
- 아차발과 수아레스 강습(www.tangomeet.com)을 주요하게 참조
- 아차발과 수아레스는 "걷기가 춤의 스타일을 결정한다. 걷기가 잘 다져지지 않으면 아무리 많은 피구라를 구사하더라도 사상누각이다. 함께 조화를 이루어 걷는 것이 탱고의 가장 좋은 부분이다the nicest part of the tango"라고 했다.

걷기를 이해하기 위한 기본 전제들

1. 무게중심이 있는 발/무게중심이 없는 발: 우선, 걷기 위해서는 두 발을 사용해야 한다. 한쪽은 무게중심이 있는 발supporting leg, standing leg(디딤발), 다른 쪽은 무게중심이 없는 자유로운 발free leg. 이 두 발 간의 교차가 걷기다. 즉, 무게중심 이동이 걷기다. 제자리 걷기, 앞으로 걷기, 뒤로 걷기, 옆으로 걷기, 사선 걷기가 된다.

2. 상체/하체/플로어의 이해: 나의 몸이 있고, 파트너의 몸이 있으며, 또한 플로어(바닥)가 있다. 나의 몸은 또한 상체와 허리 이하 하체로 나누어진다. 플로어와 하체(두 다리 포함), 상체 간의 유기적인 연결이 걷기의 전제조건이다.

3. 걷기는 "함께 걷기"다. 걷는 데 조화coordination 및 동조화syncronization가 필요하다. 걷기에서는 에너지를 어떻게 전달하고 전달받을 것인가가 중요한 문제다.

걷기의 방법론[2]

1. 방향을 이동할 때는 디딤발(바닥)을 사용해 자유로운 발을 옮겨준다. 앞으로 걸을 때는 디딤발로 바닥을 밀면서 앞으로 나아간다. 뒤로 걸을 때도 같은 원리를 적용한다. 이것이 탱고 걸음의 핵심적 기초다. 일상적인 걸음에서처럼 털레털레 걷지 않는다. 이 걷기의 에너지는 플로어 → 디딤발 → 가슴 → 팔로워 가슴 → 팔로워 디딤발 → 플로어로 이어진다. 이 걷기의 원리를 적용해야 부드럽고 깊이 있는 걸음이 가능해진다. 워렌

---

2 특별한 전제가 없으면 리더 기준으로 설명한 것임

(밀롱게로) 님이 뽄세Gabriel Ponce 커플 수업에서의 멋진 가르침을 소개해주었는데, 밑줄을 쫙 그어야 할 것 같다. "가슴을 붙이고 뒷발로 밀어서 나아가는데, 뒷발로 미는 것은 내 발이 아니라 가슴이다."

2. 걷기에서도 디소시아시온disociación, dissociation의 원리가 적용된다. 즉, 상·하체 분리(일반적으로는 좌우 분리, 즉 수평적 분리를 의미하나, 여기서는 수직적 분리에 해당)다. 허리 이하 하체는 플로어에 붙인다grounded. 살짝 구부려서(무릎을 릴렉스하면서) 걸을 때 몸의 수평 레벨을 일정하게 한다. 상체는 끌어올린다. 상체를 끌어올리는 것은 안정적인 자세와 가슴을 통한 에너지의 전달을 위해, 하체를 바닥에 붙이는 것은 걷기에서의 안정적인 자세와 수평 레벨을 유지하기 위해서다.

3. 안기 프레임에서 걷기 리드: 걷기의 의도intention가 안기의 프레임을 통해 파트너에 전달된다. 팔로워는 적당한 저항resistence을 유지하는 가운데 그 리드를 받아들이고 주체적인 걷기를 한다. 리드의 힘, 속도를 안기 프레임을 통해 감지하고 받아들인다. 이것이 리드-팔로우의 기초 원리이며, 의도-저항 간의 조율을 통해 동조화가 이루어진다. 팔로워는 의도를 받아들이고, 리더는 그 의도가 받아들일 때까지 기다려서 다음 의도를 전달한다. 의도-저항의 연속적 과정을 함께 만들어간다.

4. 발을 옮겨 디딜 때, 3단계를 거친다. 힐hill-미들middle-토toe[혹은 토-미들-힐]. 이렇게 3단계로 하는 이유는 걷기의 안정감, 부드러움, 리더-팔로워의 조화를 위해서다. 발바닥이 플로어 전체를 누르듯이 하면서 플로어에 착근하기grounding 효과를 거둘 수 있다. 힐 혹은 토 어디를 먼저 디딜 것인지는 스타일

에 따라 선택하면 된다. 힐을 먼저 딛는 것이 일반적인 방식이다(이게 자연스럽다). 파워풀하게 걸을 때는 힐을 먼저 딛는다. 매우 섬세한 멜로딕 파트를 걸을 때는 (아차발을 따라) 토를 먼저 디딜 수도 있다.

걷기의 종류

첫째, 무게중심 위치에 따른 분류로 ① 패러럴parallel(평행) 시스템, ② 크로스cross(교차) 시스템이 있고, 둘째, 방향에 따른 분류로 ③ 직선 걷기, ④ 원으로 걷기, ⑤ 비틀어서 사선으로 걷기가 있으며, 셋째, 걷기의 폭과 속도에 따른 분류로 ⑥ 보통 걸음으로 걷기, ⑦ 큰 걸음으로 천천히 걷기, ⑧ 작은 걸음으로 빠르게 걷기가 있다.

1. 패러럴 시스템은 리더-팔로워의 무게중심이 같은 쪽에 있을 때(마주 보고 있어서 리더가 왼발일 경우 팔로워는 오른발, 혹은 그 반대), 크로스 시스템은 리더-팔로워의 무게중심이 반대쪽에 있을 때다. 걷기만으로도 춤이 된다면, 바로 이 두 개의 시스템 때문이리라. 이 두 개의 시스템이 교차하면서 걷기의 다양한 변주를 만들어내기 때문이다. 특히 크로스 시스템을 잘 활용해야 한다. 크로스 시스템이 가장 많이 활용되는 경우는 오초Ocho다. 패러럴 오초도 있지만, 일반적으로 크로스 오초를 많이 사용한다. 직선 걷기에서 크로스 걷기는 크로스 오초의 걸음법과 비슷하지만, 오초처럼 꼬아서 걷지 않고 직선으로 걷는다. 어렵지 않고 고급스러운 탱고 걸음이다.

2. 두 개의 시스템이 교차하는 지점 중 하나가 끄루세cruce(small cross)다. 탱고의 매혹 포인트 중 하나인 끄루세. 직선 걷기에서

패러럴/크로스를 전환하기 위해 리더가 *끄루세*를 사용하는 경우도 있고(물론 *끄루세*를 사용하지 않고 그냥 무게중심만 바꾸어도 된다), 크로스 오초를 하다가 다시 패러럴로 가기 위해 리더가 *끄루세* 리드를 하는 경우가 있다. '8 베이직 살리다'에서의 *끄루세*는 사실 탱고 초급 레슨에서는 난관이다. 그럼에도 매우 중요한 베이직 스텝이다.

3. 직선으로 걷기: 리더-팔로워가 정면으로 마주 선 상황에서 앞으로 걷기, 뒤로 걷기, 옆으로 걷기 세 가지 종류가 있다.

4. 원으로 걷기: 리더가 팔로워의 아웃사이드 방향으로 발의 위치를 두면서 원을 그리며 걷는 방법이다. 앞으로 원형 걷기, 뒤로 원형 걷기가 있다.

5. 비틀어서 사선으로 걷기: 몸을 좌우로 비틀어서 사선으로 걷는다. 좌우 사선으로 번갈아 하면 직선 방향으로 나아간다. 몸을 비틀 때 상체는 서로의 가슴을 향한 채 적게 비틀고, 허리 이하 하체는 많이 비틀어야 하므로 디소시아시온이 이루어진다. (오초를 실행하는 과정에서는 가슴-골반-다리 순으로 비틂이 이루어지므로 그 과정에서도 디소시아시온이 발생한다.) 상·하체 분리가 자유로워야 하는 또 하나의 이유다.

6. 보통 걸음으로 걷기: 걷기의 표준으로, 편하게 걷는 보폭이다. 리더 어깨만큼의 폭으로 워킹 비트에 맞추어 걷는다.

7. 큰 걸음으로 걷기: 파워풀한 비트에 강조해서 걸을 때(뿌글리에세) 혹은 멜로디컬한 곡에 비트를 건너뛰어 천천히 걸을 때(디살리). 크게 걸을 때는 클로스 아브라소가 이완되었다가 다시 가까워진다(탄력적 안기elastic abrazo).

8. 작은 걸음으로 걷기: 밀롱가 곡 등 빠른 템포의 곡에는 작은

걸음으로 걷는다. 도블레띠엠뽀로 걸을 때도 작게 걷는다. 즉, 작고 빠르게 걷는다.

▶ **정리**

1. 좋은 자세와 리드-팔로우 시스템을 통해 직선 방향으로 부드럽게 함께 걷는 것이 걷기의 원형으로서 매우 중요하다.
2. 패러럴/크로스 시스템을 활용하여 다양한 걷기의 기반을 구축한다.
3. 원으로 걷기, 사선 걷기로 확장하며 다양한 걷기의 변주를 창조해간다.
4. 음악의 템포와 속도에 맞춰 리듬을 살리는 걷기로 완성한다.

12
안무적 자유: 개념, 조건, 가능성

안무적 자유의 개념

'안무적 자유choreographical freedom'라는 개념은 말로라트스키의 아이디어를 조합해서 만들어낸 개념이다. 말로라트스키는 '개별적 자유individual freedom'라는 용어와 '안무적 가능성choreographical possibility'이라는 용어를 각각 썼는데, 나는 이 두 가지 측면을 아울러서 '안무적 자유'라는 용어를 쓰고자 한다.[3]

1. 안무적 자유란 첫째, 파트너 커넥션이라는 맥락에서 보았을 때, 파트너에 결박당하지 않는 개인의 자유를 의미한다. 즉 자기의 축과 자기의 공간을 가지고, 주체적 의지로 자기의 동작을 만들어간다는 의미다. 파트너 커넥션과 개인의 자유라는 이 두 개의 가치가 충돌할 수 있는데, 그래서 나는 이 두 개의 가치가 최적점에서 결합하는 방식이 탱고라고 정의한 바 있다.

---

3   이후 안무적 자유라는 개념을 다른 비평가가 주요하게 사용하는 것을 발견했다. 데니스턴(Denniston)은 다음과 같이 썼다. "Tango allows much greater choreographic freedom...The same technique that gives the most emotionally satisfying dance also gives the most choreographically liberated dance. This is the secret of the blend of sex and chess that makes Tango so uniquely intoxicating."(*The Meaning Of Tango*)

2. 안무적 자유란 둘째, 안무적 가능성을 의미한다. 개인의 자유가 확보되지 않으면 안무적 가능성은 매우 제한될 수밖에 없다. 개인의 자유가 안무적 가능성을 담보한다. 그렇다면 파트너 커넥션의 추구가 안무적 가능성을 제한하는가? 그렇지는 않다. 오히려 탱고적 안무의 가능성과 아름다움은 바로 파트너 커넥션에서 출발하기 때문이다. 안무적 가능성의 범위와 한계가 파트너 커넥션으로부터 조건 지워진다고 정리하는 것이 좋겠다.

안무적 자유를 바라보는 두 개의 시각(혹은 세 개의 시각)

파트너 커넥션과 안무적 자유의 관계를 바라보는 두 개의 시각이 있다.

1. 먼저, 파트너 커넥션을 중시하면서 안무의 최소화를 지향하는 시각이다. 이런 시각은 상당한 사람들(계량화할 수는 없다)의 지지를 받고 있으며, 밀롱가 현실에서 당당한 한 축을 구축하고 있다.
2. 두 번째 시각은 안무적 자유를 우선하여 추구하는 시각이다. 물론 이들이 파트너 커넥션을 고려하지 않는 것은 아니다. 그것은 탱고가 아니니까. 그러나 안무적 가능성이 클수록 좋다고 생각한다. 안무적 가능성이 파트너 커넥션을 오히려 증강시킨다고도 생각한다. 이 역시 상당한 사람들(계량화할 수는 없다)의 지지를 받고 있으며, 밀롱가 현실에서 당당한 한 축을 구축하고 있다.
3. 상당한 사람들의 지지를 얻고 있는 위의 두 가지 시각의 측면

을 다 함께 포괄하는 방향으로 결론 내는 것은 절충적 타협이 아니라 마땅한 방향이라 본다. 파트너 커넥션을 유지·강화하는 조건 속에서 안무적 가능성을 추구해야 한다고 생각한다. 이것을 세 번째 시각이라 불러도 좋고, 유효한 단 하나의 시각이라고 불러도 좋을 것이다.

안무적 자유의 조건과 가능성

안무적 자유는 다음의 세 가지에 의해 조건 지워진다고 볼 수 있다. 첫째, 파트너 커넥션, 둘째, 음악(리듬과 멜로디), 셋째, 신체적 조건. 이러한 조건으로부터 안무적 가능성이 제한되기도, 활짝 열리기도 한다.

1. 첫 번째 조건은 파트너 커넥션을 유지·강화하는 조건 속에서 안무적 가능성을 추구해야 한다는 것이다. 파트너 커넥션을 강화하는 안무를 찾아내고 숙달시키는 한편, 파트너 커넥션을 깨뜨리는 안무는 포기한다. 파트너를 불편하게 하거나 위험에 빠뜨릴 수 있는 안무는 하지 말아야 한다. 좋은 안무인데, 완벽히 숙달되지 않은 경우라면 어떤가. 밀롱가의 상황, 파트너의 성향 및 수용도를 고려하여 결정할 일이다.

2. 두 번째 조건은 음악에 맞춰 안무를 추구해야 한다는 것이다. 음악의 정서와 감각을 어떻게 안무적으로 구현하느냐의 문제, 멜로디 파트와 리듬 파트를 어떻게 안무적으로 표현하느냐의 문제인데, 뮤지컬리티 주제에 해당한다.

3. 세 번째는 신체적 조건인데, 몇 가지 키워드를 살펴보면 다음과 같다. 밸런스balance, 디소시아시온dissociation, 고요함stillness,

바닥 착근하기grounding, 유연성flexibility, 힘과 부드러움power and softness 등. 위의 키워드들은 최상의 안무적 자유를 획득하기 위한 신체적 조건을 말한 것인데, 실전 밀롱가에서 유의해야 할 것은 자기의 신체적 조건에 맞지 않는 안무는 무리하게 추구하지 않는 것이 맞다. 디소시아시온이 충분하지 않다면 '누에보 탱고' 시그니처 동작 중 하나인 백 사까다back sacada는 포기하는 것이 마땅하다.

당신을 안고서 우리는 어디에라도 닿을 수 있습니다.

정리하면, 안무적 자유는 파트너 커넥션이라는 조건 속에서, 클로스 아브라소라는 프레임 내에서 추구한다. 음악에 맞추어간다. 최상의 안무적 자유를 얻기 위한 신체 조건을 획득하기 위해 노력한다. 자유를 찾아가는 끝나지 않는 여정이다.

13
즉흥성: 안무적 자유의 새로운 차원

앞 챕터에서 안무적 자유를 논의할 때 빠뜨린 것이 있다. 탱고의 본질적 측면으로서의 즉흥성improvization이다. 패턴화된 시퀀스는 있지만, 그 시퀀스의 연속으로서 탱고의 흐름이 어떻게 전개될지 사전에 정해지지 않는다. 하나의 시퀀스 내에서도(비록 패턴화되어 있을 수는 있어도) 어떻게 변용될지 알 수 없다. 탱고의 즉흥성은 어디에서 흘러나오고 어떻게 전개되는가? 이를 이해하려면 리드-팔로우 원리와 에너지 사용법을 이해해야 한다.

"쌍방향 대화"로서의 리드와 팔로우: 즉흥성의 발원지
리드-팔로우를 이해하는 것은 커플 댄스로서의 탱고 동작의 원리를 이해하는 것과도 같다.

1. 리드-팔로우에 대해서는 원칙적으로 두 가지 입장이 있다. 첫째, 음악 중심론 혹은 리더 주도론이다. 음악 중심론의 입장은 "리더는 음악에 복종하고 팔로워는 리더에게 복종한다"는 견해다. 음악을 중심으로 설정한다는 점에서 합리적 핵심이 있지만, 쌍방향성을 고려하지 않는다는 점에서 채택할 만한 입장은 아니다. 리더 주도론은 템포와 리듬 등 모든 것을 리더가

결정하고 팔로워는 거기에 충실히 따른다는 견해인데, 이 역시 쌍방향성을 고려하지 않는다는 점에서 음악 중심론과 하나의 범주에 넣을 수 있다.

2. 두 번째 입장은(이것이 내가 봤을 때 유효한 입장이다), 탱고는 쌍방향의 대화(혹은 음악까지 포함하면 3자 간의 대화가 된다)이므로 리드-팔로우의 연속적인 상호작용을 중시하는 태도다. 이 두 번째 범주에 들어가는 의견 중에는 리드와 팔로우의 경계가 모호하다는 견해마저 있다. 시작은 리더가 할지 모르지만, 그 과정은 리더와 팔로워가 에너지를 주고받는 과정일 뿐이며, 따라서 다음 동작이나 시퀀스가 어떻게 전개될지 모른다. 그 전체적인 과정은 쌍방향의 대화가 결정하는 것이지 어느 한쪽 파트너가 결정하지 않는다는 것이다.

3. 쌍방향의 대화가 탱고의 흐름을 결정한다는 것. 즉흥성이 흘러나오는 부분은 바로 이 부분이다. 이는 우리 모두가 현실 밀롱가에서 경험하는 바로 그 측면이다. 나도 나를 모르고, 그녀도 나를 모르고, 나도 그녀를 모르고, 그녀도 그녀를 모른다. 게다가 익숙하거나 낯선 음악도 있다. 이 모든 '임의적인' 조합으로 인해 우리는 단 한 번도 같은 춤을 출 수 없다. 이러한 즉흥성은 탱고를 춤추기 어렵게 만드는 요인이기도 하지만, 오히려 축복이 되는 요인이기도 하다. 나쁜 파트너 커넥션으로부터는 혼란의 춤이 될 수도 있고, 좋은 파트너 커넥션으로부터는 축복받은 즉흥성이 흘러나온다. 탱고는 지독한 커뮤니케이션의 세계이고, 그 커뮤니케이션에서 흘러나오는 지독하게 멋진 즉흥성의 세계다.

에너지 사용의 방법론: 즉흥성의 전개

쌍방향의 대화는 쌍방향의 에너지 흐름이다. 이 에너지를 어떻게 주고받는지가 쌍방향 대화로서 리드-팔로우의 질을 결정한다. 이에 따라 즉흥성의 가용성 정도도 결정할 것이다.

1. "단단하고 탄력적인" 아브라소 프레임. 에너지의 전달 통로인 커넥션 포인트에서 숭숭 바람이 빠지는 부분 없이 밀도가 있는가. 편안하고 폭 안는 느낌의 아브라소는 그 자체로 파트너 커넥션을 증가시키기도 하지만, 좋은 리드-팔로우를 하기 위한 수단이기도 하다. 파트너가 무슨 말을 하려는지 가까이서 느끼고 들어야 할 것 아닌가. 물론 앞에서도 썼듯이, 신체적 접촉의 양(거리와 면적)이 밀착성의 질을 결정짓지는 않는다. 중요한 것은 에너지가 빠져나가지 않는 단단한 아브라소 프레임, 그리고 안무의 확장을 위한 탄력적인 아브라소 운용이다.

2. 관성inertia의 이용. 관성은 뉴턴의 제1 운동 법칙으로서 "외부 힘이 가해지지 않으면 물체는 일정한 속도로 움직인다"는 것을 말하는데, 움직이지 않는 물체가 힘이 작용하기 전까지는 정지상태로 유지되는 것도 포함된다. 관성을 이용하면 추가로 가해지는 힘을 최소화하면서 자연스러운 움직임을 만들어낼 수 있다. 이 경우에는 한 번의 리드(힘의 작용)에 한 스텝만 리드하는 것이 아니라 한 세트의 동작을 리드할 수 있다. 이것이 동작의 유려함fluidity을 창조한다(깔리토스·노엘리아 온라인 강습 《tangomeet.com》 참조).

3. 제로 포인트zero point. 관성이 다한 자리에는 제로 포인트가 남는다. 여기서 제로 포인트란 리드 혹은 팔로우가 시작되기 전

의 상태, 에너지가 전달되기 전의 상태이며, 따라서 에너지의
전달에 따라 어디로든지 움직일 수 있는 상태를 지칭한다. 따
라서 제로 포인트는 열린 안무적 가능성을 의미한다. 이 제로
포인트에서 새로 시작하는 것이 즉흥성이다. 즉흥성의 세계를
열어젖히려면 리더-팔로워 모두 항상 제로 포인트에서 어떠한
동작 상황에서도 순발력 있게 대처할 수 있어야 하고, 자연스
러운 동작으로 이어나갈 수 있어야 한다. 스텝이 꼬인 순간, 즉
리더로서 의도한 대로 스텝 전개가 이루어지지 않은 순간이
오히려 즉흥성의 관점에서는 기회가 된다. 팔로워 입장에서도
스텝이 꼬인 순간이 실수와 미숙함의 결과가 아니라 의도적으
로 리더의 의도를 비틀어서 해석한 것이라 하면 그만이다. 그
렇게 해석함이 옳다. 우리의 춤은 계속 이어지며, 그 과정에 실
수라 할 만한 것은 없다.

즉흥성은 쌍방향 대화에서 발화하여 에너지를 효율적으로 사
용함으로써 자연스러움spontaneousness을 획득한다. 사전에 짜 맞추
어진 동작이 즉흥성이 아닌 것처럼 억지 동작은 즉흥성이 아니다.
제로 포인트에서 시작하며 관성을 적당히 이용하고 제어하는 것이
자연스러운 즉흥성을 만든다.

14
디소시아시온의 정의와 운영

앞서 탱고의 구성요소로 디소시아시온dissociación, dissociation(이하 '디소' 혼합 사용)을 제시했다. 파트너 간 밀착성을 유지하면서도(혹은 밀착성의 손실을 최소화하면서도) 동작의 자유를 구현할 수 있는 신체적 조건으로서 상·하체 분리 원리를 말한다. 디소시아시온과 아브라소의 변주(밀착성의 변화)로 안무적 자유를 획득할 수 있다.

1. 디소시아시온은 탱고 동작을 만들어내는 신체 운용의 원리로, 상·하체 분리를 말한다. 디소시아시온(이하 '디소'로 약칭)은 탱고의 핵심가치, 즉 클로스 아브라소를 통한 견고한 파트너 커넥션의 구축과 안무적 자유를 동시에 이루어내기 위한 가장 기초적인 신체 운용원리이자, 탱고 동작 전체를 부드러운 하나의 흐름으로 만들어내기 위한 조건이 된다. 상·하체 분리로서의 디소는 ① 상·하체의 수평적(좌우) 분리(원래 개념), ② 상·하체의 수직적 분리(확장된 개념)라는 두 가지 영역이 있다.

2. 먼저, 상·하체의 수평적 분리, 즉 좌우 디소는 상체의 커넥션을 유지하면서 하체의 공간을 열어주기 위한 것이다. 이로 인해 우리는 "상체는 고요함, 하체는 전쟁"이라는 탱고에 대한

묘사를 얻게 된다.

상·하체는 분리되어 있지만, 또한 연결되어 있다. 상·하체를 연결하는 허리는 단단하고 유연해야 한다. 즉 허리는 풀어져 있어서도 안 되고, 딱딱하게 굳어 있어서도 안 된다. 탄성좋은 고무처럼 상·하체를 분리하고 연결하고, 연결하고 분리해야 한다. 상·하체는 통으로 같이 움직여서도 안 되고 완전히 따로 놀아서도 안 된다. 허리는 상·하체 간 에너지의 통로역할을 한다. 오초의 작동원리에서 보듯이, 상체 에너지를 이용해 하체를 이동하고, 그 역으로 하체 에너지를 이용해 상체의 동작을 만들어낸다. 상·하체는 서로 연결되어 있으며, 우리는 전달과정에서 상·하체 간 에너지 손실을 최소화하면서상호 간에 전달하고 되돌려 받는다. 그렇게 탱고 동작의 흐름을 만들어간다.

좌우 디소는 틀기 동작(오초ocho, twist) 및 회전 동작(히로giro, turn)에서 주로 활용된다. 하지만 디소의 원리는 탱고동작 곳곳에 적용된다. 예컨대 '8 살리다' 3번 동작을 보자. 리더의 오른발은 팔로워의 오른쪽 바깥 라인으로 들어가는데, 이때 리더의 하체는 직선 방향이지만, 상체는 디소가 일어나오른쪽으로 살짝 틀어지면서 팔로워를 향한다. 그런 다음 4번동작에서 오른쪽으로 살짝 틀어진 상체가 다시 직선 방향으로 돌아온다. 그러면서 끄루세가 자연스럽게 일어난다(살리다동작 설명은 미겔·펠린Miguel Calvo/Pelin Calvo 수업 시의 동작을참고했다).

3. 수직적 분리로서의 디소는 일반적으로 통용되는 개념은 아니다. 이는 필자에 의한 디소 개념의 확장이다. 이 아이디어는 아

차발·수아레스 커플에서 얻어왔다. 즉 하체는 플로어 깊숙이 가라앉히고grounding, 상체는 천장을 향해 뻗어 올리라고 했다. 이러한 수직적 분리를 통해 균형과 진중함, 편안함과 가벼움을 동시에 얻는다. 디소를 잘하려면 수직적 디소부터 정립되어 있어야 한다. 즉, 세트 포지션 및 걷기에서부터 상·하체를 분리해서 생각해야 한다는 것이다. 그러면 수평 차원에서의 상·하체 분리도 자연스럽게 이루어질 수 있다.

〈집시: 디소시아시온의 경우〉

15
꼬라손: 정의와 조건

오늘도 우린 '꼬라손'을 꿈꾸며 밀롱가를 향한다. 즉 춤 속에서, 음악 속에서, 파트너와의 호흡 속에서, 포옹 속에서, 상호 움직임 속에서 "감각과 감정이 고양되는 느낌"을 찾아간다. '즐거운 순간'을 넘어 '아스라한 순간'이며, '긴장된 떨림'을 넘어 '편안한 떨림'으로 이어지는 그 시간의 느낌 말이다. 우리는 이런 궁극의 시간을 '꼬라손'이라는 말로 통칭하는데, 스페인어 꼬라손Corazon은 '심장'을 뜻한다. '심장의 시간', '심쿵의 순간'이라 이름해도 될 것이다. 탱고를 통해 얻게 되는 기대효과, 더 나아가 궁극의 목적이라 불러도 될 것이다.

과연 꼬라손은 무엇이며, 여기에 이르는 길은 무엇인가.

▶ 꼬라손의 정의

주관적인 상태로서의 꼬라손을 정의하는 것은 쉬운 일이 아니다. 그러한 상태를 맞이하는 이들의 구체적인 감정 상태 및 거기에 이르는 경로도 제각각일 수 있기 때문이다. 최대한의 공통점, 그리고 탱고 특이적 요소들을 최대한 추출하여 귀납적으로 도출할 수밖에 없다.

우선 음악과 리듬적 신체활동으로부터 분출되거나 증진되는 신경전달물질에 기인한 "기분 좋은 흥분 상태" 혹은 "행복감"이다. 도파민은 다소 강한 흥분 상태(쾌락), 세로토닌은 너무 흥분하지도 않고 불안한 감정도 없는 편안한 상태를 만들어준다.

두 번째는 깊은 파트너 커넥션으로부터 오는 편안하거나 "합일"되는 느낌이다. 탱고를 흔히 "하나의 심장, 네 개의 다리"라고 표현하는데, '하나의 심장'이 가리키는 바로 그 상태다. 이 상태가 로맨틱하든 아니든 상관없다. 타인과 하나 되는 이 느낌은 성적이고 로맨틱한 요소로 한정되거나 환원되지 않는 인간의 본원적 욕구에 닿아있다.

세 번째는 "어떤 일에 집중해있는 상황, 과제의 도전성과 그것을 풀어나가는 기술이 균형을 이루어 너무 쉽지도, 너무 어렵지도 않게 (좋아하는 일에) 집중해있는 상황"으로 정의되는 '몰입'과 관련된 행복감이다. 몰입에 빠져있는 상황은 '시공'을 잊고 그 활동에 몰입해 있으며(이때는 행복감을 자각하지 못할 수 있다), 몰입상태가 끝난 후에 행복감이 밀려든다고 한다.

이상을 종합하면 꼬라손은 "① 음악 리듬적 신체활동 ② 깊은 커넥션 ③ 몰입 활동으로부터 각성되고 증강된 고양 상태(행복감 및 희열감)"로 정의할 수 있을 듯하다. 이런 상태가 극대화된다면 '황홀'의 체험이 된다.

▶ 꼬라손의 조건

우리가 탱고를 하는 궁극적 기대효과 혹은 목표로서의 '꼬라손'에 도달하려면, 두 가지 핵심가치로 설정한 ① 깊은 파트너 커넥션과 ② 안무적 자유와의 연계고리가 설명되어야 하겠다. 당연하고도 필연적으로 꼬라손은 좋은 커넥션과 안무적 자유로부터 도출된다.

1. 깊은(좋은) 커넥션으로부터 도파민 혹은 세로토닌이 증강 생성된다. 좋은 커넥션으로부터 안무적 자유가 흘러나온다.

2. 안무적 자유는 자유분방한 리듬적 신체활동을 보장하며 음악에의 조응성, 즉 뮤지컬리티의 질을 좌우한다. 한편, 안무적 자유는 과제의 도전성을 높여서 몰입의 정도를 높여준다.

3. 정리하자면, 탱고는 〔음악, 리듬적 신체활동, 파트너 커넥션〕 → 〔도파민/세로토닌 증가, 몰입도 증가〕라는 경로를 통해 꼬라손에 도달한다.

꼬라손의 정의 및 기전(경로)을 고려하여 꼬라손의 조건 두 가지를 제시하고자 한다. 첫째는 '설렘이 있는 아브라소'('따뜻한 아브라소'라 해도 좋다), 두 번째는 절묘한 뮤지컬리티 두 가지다. 꼬라손의 질은 이에 따라 결정된다.

설렘이 있는 아브라소(따뜻한 아브라소)

설렘이 있는 아브라소에 도달하기 위한 조건은 무엇인가. 편안한 아브라소가 선결 조건이다. 그리고 반드시 그런 것은 아니지만, 클로스 아브라소가 도움이 된다. 심장을 가까이 두고 심장 소리까지 들을 수 있는 아브라소를 한다는 것은 탱고만이 가지고 있는 고유한 특질이다. 이때 춤추는 상대를 온전히 나의 파트너로 받아들여야 한다는 것은 그 심적·태도적 기반이 될 것이다. 여기에 남녀 파트너 간에 이루어지는 화학작용은 터보 기능으로서 작동되기도 할 터이다.

절묘한 뮤지컬리티

뮤지컬리티는 파트너 간 상호 반응성(수평적 조응) 및 음악과의 조응성(수직적 조응)의 총체적 결과인데, 특정한 동작과의 결합을 통해 '절묘한' 순간이 피어난다. 절묘하다 함은 조응성이 극대화된 것이고, 창의적인 것을 의미하며, 기대-충족의 메커니즘에서 기대치를 웃도는 충족감을 의미하는 것이다. 여기에 도달하기는 쉽지 않고, 시간이 걸리는 노력의 결과물일 것이다. 그러나 탱고의 기본기가 있다면 먼 미래에 유보될 것 또한 아니다.

꼬라손을 신비한 무엇으로 볼 필요는 없다. 그 도달 수준이 그렇다, 아니다로 확연히 갈라지는 것도 아니다. 설레는 아브라소가 있었고 절묘한 뮤지컬리티가 피어난 순간이 있었고 그 두 개가 결합하여 일정한 수준 이상으로 일정한 시간에 걸쳐 고양된 경험이 있었다면, 그것이 꼬라손이다. 심장이 터져버릴 듯한 순간만이 꼬라손의 이름에 값하는 것은 아닐 것이다. 터져버릴 것까지는 아니더라도 미세한 불꽃, 작은 버블 같은 움직임이 일어나고 있다면, 그것도 꼬라손이다. 작은 버블의 움직임이 두세 딴다 이상의 합작으로 계속되고 있다면, 그건 말할 나위 없이 좋고 '황홀한' 밀롱가가 된다.

16
꼬라손, 한 겹 더 들어가 보기

앞 챕터에서 꼬라손의 정의 및 조건을 다루었는데, 여기서는 좀 더 자유로운 질문과 답을 해보고자 한다. 보론이라고 보아도 될 것 같다.

앞에서 꼬라손을 신비한 무엇으로 볼 필요는 없다고 하면서도 궁극의 기대효과 혹은 목적이자 '황홀'의 체험이라고까지 했다. 신비하지 않다고 함은 우리가 그 기전을 규명할 수 있다는 의미였으므로 온당하지만, '황홀한' 체험인 것에 대해서는 좀 더 규명이 필요해 보인다. 우리가 꼬라손 경험을 '작은 불꽃, 작은 버블'에까지 관대하게 열어두었기 때문에 극대화된 형태의 '황홀' 체험에 대해서는 별도의 신비한 무엇인가가 개입하고 있지는 않은지 따져보고 싶은 것이다.

꼬라손 '상태'에 대한 보충적 논의: "들뜬 평정 상태 혹은 고요한 흥분 상태", "존재의 확증, 확장 체험"

앞 챕터에서 꼬라손은 "① 음악 리듬적 신체활동 ② 깊은 커넥션 ③ 몰입 활동으로부터 각성되고 증강된 고양 상태(행복감 및 희열감)"로 정의하고, 그 조건으로는 ① 설렘이 있는 아브라소(따뜻한 아브라소) ② 절묘한 뮤지컬리티 두 가지로 보아 설명했다.

"각성되고 증강된 고양 상태"는 좀 더 구체적으로 무엇이고 왜 필요한 것일까. 나는 그것을 '일탈의 시간'이라 부르고자 한다. '떨림의 시간'이라 부르고자 한다. 단순히 즐거운 시간이 아니라 아스라한 시간이다. 정신적으로 매우 집중해있는 상황에서 몽환에 빠져든 시간이고, 심박수는 올라가지만 평정을 유지하는 상황이다. 말하자면 "들뜬 평정 상태 혹은 고요한 흥분 상태"다. 자기 자신, 파트너, 음악, 주변 상황에 대해 정확하게 인지하고 대응해야 하지만, 동시에 몰아의 지경에 빠져드는 순간이기도 하다.

이런 상태에 대해 철학적 언어로 다시 한번 좀 거창하게 풀어보자면, 일상의 시간을 벗어나 초월의 시간으로, 마르고 퍽퍽한 시간에서 젖어있는 시간으로, 나를 비워내고 다시 채우는 시간으로 가는 것이다. 갱신의 시간이자 존재를 확장하는 시간이다. 플라톤이 말하는 '에로스'의 시간이다. 탱고를 통해 얻고자 하는 것은 이러한 '존재의 확증, 확장 체험'이다.

탱고를 추는 또 하나의 이유: "취하지 않고도 취할 수 있으므로"

다시 한번 물어보자. 왜 탱고인가? 다른 활동 혹은 물질과 비교해서 탱고에 특별한 것이 있는가?

다른 활동과 다 비교하기는 어렵다. 술과 비교해보자. 술을 왜 마시는가? 취하기 위해, 대화하기 위해 마신다. 취한다는 것과 대화한다는 것이 절묘하게 매칭된다. 알코올의 힘으로 우리는 좀 고양된 상태가 되고 말문이 트이기 시작한다. 새로운 세계가 펼쳐진다. 이런 신세계라니. 술의 참맛을 아는 사람들은 다들 기억하고 있다. 술을 과하게 먹으면 대화는 거친 언어로 치닫기 시작한다. 새로운 단계가 열린다. 이 단계로는 가도 좋고 가지 않아도 좋다. 한 번씩 다녀오는 것은 괜찮을 수 있으나, 자주, 그것도 '1급 발암물질'을 함유한 술을 통해 가는 것은 좋지 않다.

그렇다면 탱고는 왜 추는가? 술과 마찬가지로, '취하고 대화하기 위해' 춘다(위에서 얘기한 것 중 술과 비교하기 좋은 측면을 꼽은 것임). 그런데 술과 달리 탱고는 진짜로 취할 필요가 없다. 오히려 명징하게 깨어있어야 한다. 의식과 신체적 상황 모두 정확하게 '취하지 않은' 상태여야 한다. 술 한두 잔이라도 마시면 몸의 균형이 흔들린다. 이것이 술과 탱고의 차이다. 술은 즉각적으로 취한 상태에 도달할 수 있지만, 탱고에서는 꼬라손이 올락 말락 약 올리는 경우가 많다. 술과의 무리한 비교가 되었을 수 있지만, 강조하고 싶은 것은 다름 아니라 "명징하게 깨어있으면서도 술 취한 듯 몽환적인 상태"를 말하기 위함이다.

17
예술로서의 탱고

탱고를 바라보는 관점은 다양하다. 누군가는 사교의 수단으로 보고, 누군가는 예술 활동으로 본다. 즐거운 오락 활동으로 보기도 할 것이다. 그리고 이 모든 관점이 그 비중은 다르더라도 한 사람의 탱고 라이프에 어느 정도씩은 다 녹아 있으리라 생각한다. 그런데 이런 다양한 관점과 태도를 이해하고 인정하면 밀롱가에도 더 많은 평화가 오고, 탱고를 즐기는 각 사람으로서도 각기 관점과 성향에 맞추어 거리를 좁히거나 넓힐 수 있다. 지나친 기대와 좌절을 막고, 각자의 탱고 스타일과 탱고 라이프를 펼쳐나갈 수 있게 된다. 이 챕터에서는 이러한 관점을 배경에 두고, 예술로서의 탱고의 가능태와 현실태를 점검해보고자 한다.

'예술'로 나아가기 전에 사교 혹은 오락이라는 관점에서 탱고를 정리해보자. 이 관점에서는 우선, 춤을 즐기고 그것을 통해 사교를 촉진하는 수준에서 탱고 활동을 도모하게 될 것이다. 탱고 테크닉 발전도 그 한도 내에서 필요한 만큼만 발전시키면 된다. 춤을 추면서 즐거우면 되었다. 고난도의 테크닉도 필요 없고, 너무 진지하거나 열심히 임할 필요도 없으며, 적당한 수준에서 즐길거리 정도면 되는 것이다. 수업할 시간과 쁘락(연습)할 시간에 차라리 한 번이라도 더 밀롱가에 가며, 앞풀이 및 뒤풀이가 때로는 밀롱가보다 더 소중하다. '인맥 탱고'를 구축함으로써 춤출 기회를 확보하고 확대해간다. 이렇게 밀롱가에서 편하게 춤추고 마일리지를 쌓으면서 실력도 쌓는다. 나쁘지 않다. 좋다.

그런데 예술 활동을 추구하는 관점은 "나쁘지 않다. 좋다"라는 입장에서 좀 더 나아가고자 한다. 나는 여기서 사교·오락의 탱고보다 예술로서의 탱고가 더 우위에 있다고 주장하는 것이 아니다. 우리 안에 내재해 있는 '예술'의 욕망이 무엇이고, 그것이 어떻게 탱고라는 활동에서 구현되는지를 살펴보려는 것이다.

예술로서의 탱고를 논하려면, 먼저 예술이 무엇인지부터 논의해봐야 할 것이다. 그런데 예술의 정의를 구하는 것은 미학이라는 학문이 오랜 시간 천착해온 것이지만, 지금까지도 합의된 정의를 찾기는 어렵다. '아름다움'을 기준으로 예술을 정의하려는 근대의 방식(18~19세기)부터, 아름다움을 비롯한 미적 특질에서 벗어나고자 했던 모더니즘 예술운동 이후에는 소위 예술을 "열린" 개념으로서 이해하고, 제도론적 정의에까지 이르렀다. 제도론적 정의란 소위 '예술계'에 종사하는 사람들이 예술로 인정하면 예술이 되고, 그렇지 않으면 예술이 아니라는 것인데, 예술의 본질적 속성은 정의할 수 없다는 관점이다. 이러한 관점에 맞서 내가 이 챕터에서 예술의 정의를 의존하려고 하는 아서 단토Arther Danto는 "예술의 본질은 있다"고 (존재론적으로) 주장하며, 자신의 예술 탐구에 근거하여 예술의 정의를 시도한다. 그는 예술을 "구현된 의미"라고 본다. 여기에는 두 가지 차원이 있다. 하나는 예술이 물적 형태로서 구현된다는 것이다. 두 번째는 그 물적 형태에 구현된 의미다. 의미를 설명하면서 예술은 "무엇인가에 '관한' 것"이라고 설명한다. '자의식'이라고도 설명한다. 이러한 단토의 예술 정의는 자신도 밝혔듯이,

칸트의 '미적 관념'aesthetic ideas 개념과도 유사하다(아서 단토, 김한용 옮김, 《무엇이 예술인가》, 은행나무, 2015).

> 칸트는 정신이 '생기를 불어넣는 마음의 원리'로서, 이 원리의 특징은 '미적 관념aesthetic ideas을 주는 능력'에 있다고 말한다. 미적 관념은 감각에 그리고 감각을 통해 주어지는 관념이고, 그러므로 추상적으로 파악되는 것이 아니라 감각을 통해 그리고 감각에 의해 경험되는 관념이다. 이는, 감각은 절망적인 혼동을 피하지 못한다고 본 고전적인 철학 전통의 공식과 모순되는 대담한 공식이었다. (중략) 헤겔은 《미학 강의》에서 그것을 달리 표현한다. "다시 말하자면, 심지어 가장 높은 진실도 감각적으로 나타내고 그럼으로써 그 진실을 감각에, 지각에, 자연이 모습을 드러내는 양식에 더 가까이 가져간다." (중략) 우리는 이것을 다른 방식으로도 표현할 수 있다. 즉, 예술가는 관념을 감각적 매체 속에 구현하는 방법을 알아낸다고 할 수 있다(《무엇이 예술인가》).

'관념을 감각적 매체 속에 구현하는 것' 혹은 '구현된 의미'로 예술을 정의할 때, 궁금한 것은 이것이 예술의 필요조건으로서의 정의인가 아니면 필요충분조건으로서의 정의인가 하는 것이다. 다시 말해, '구현된 의미'이면 다 예술인가? 《무엇이 예술인가》에서 분명한 설명은 듣지 못했지만, 단서는 찾을 수 있었다. 바로 〈깨어 있는 꿈〉이라는 챕터에서였다.

나는 예술가의 기술과 관련이 있는 또 하나의 조건을 추가하

여 과거에 제기했던 예술의 정의 — 구현된 의미 — 를 보완하
겠다고 결정했다. 이제 나는 데카르트와 플라톤에 기초하여
예술을 '깨어있는 꿈'으로 정의하고자 한다. 사람들은 예술의
보편성을 설명하고 싶어 하는데, 나의 직감으로 꿈은 모든 사
람이 모든 곳에서 경험한다. 꿈을 꾸려면 잠을 자야 하지만,
깨어있는 꿈은 우리에게 깨어있기를 요구한다. 꿈은 외양들로
이루어져 있지만, 그 외양들은 자신의 세계 안에 있는 사물들
의 외양이어야 한다(《무엇이 예술인가》).

우리가 '깨어있는 꿈'이라는 개념을 통해 얻을 수 있는 것은
① 예술이 실제의 현실과는 분명히 다르지만 그것을 반영한다는
것, ② "깨어있음"으로 해서 타인들과 공유할 수 있다는 것이다.

마지막으로 예술의 조건을 추가하자면(이것은 단토가 명시적
으로 추가하지는 않았지만, 논의에 미루어 내가 보완적으로 추가
하는 것이다), 이것은 '구현'과 '의미'가 펼쳐지는 양상에 관한 것이
다. 감각적 형태로 어떤 특정한 의미 혹은 가치 체계를 구현하는 데
"뛰어난", "비범한", "경탄할 만한", "놀랄 만한" 속성을 가지고 있
어야 한다는 것이다. 이러한 속성은 드러난 '감각'의 형태 측면에서
뿐만 아니라 구현된 '의미'에도 적용된다. "뻔한" 감각, "뻔한" 비유
('클리셰' 혹은 통속 장르에 해당)는 예술의 지위를 인정받을 수 없
다. 이러한 속성에 관한 판단과 평가는 역사문화적 맥락 속에서 변
할 수밖에 없지만, 우리가 예술에 그러한 속성을 기대하는 것은 예
나 지금이나 변함이 없을 것이다. 기술적으로 놀랍거나, 감각적으
로 놀랍거나, 그 의미에 있어서 "놀라워야" 하는 것이다. 이는 예술
이 가진 '비범함'의 속성이다.

그리하여 예술은 다음 네 가지 조건으로 성립한다. 첫째, 미적 aesthetic 형태다. 개념이 아니라 감각을 활용한다. 둘째, 의미 혹은 관념이다. 무엇에 관한 것이다. 그 자체의 기능으로 성립하는 상품 혹은 물건은 예술로 '전환'될 수 있지만, 그 자체로 아직 예술은 아니다. 당대 문화의 의미망 속에 존재해야 한다. 셋째, 깨어있는 꿈으로서 현실과 가상의 경계에 존재하며, 타인과 공유되고 소통된다. 넷째, 형태에 속하든 관념에 속하든 비범함이 있다. 혁신 혹은 창조성이다. 기술적 탁월함 혹은 감각적 새로움이 있든가, 관념의 새로움이 있어야 한다.

예술의 조건을 탱고에 적용해보자. 이는 탱고가 예술의 지위를 얻기 위한 조건을 살펴보자는 말이기도 할 터이다. 하지만 이 챕터에서 이를 상세하게 풀어낼 여력이 없으므로 간략하게 그 가능성만 살피고자 한다.

1. 미적 형태에 있어서 탱고라는 춤은 (탱고 음악과 불가분 어우러져서) 다른 예술 장르 혹은 춤 장르와도 확연히 구별되는, 감각적으로 두드러진 형태를 가지고 있다.

2. 의미 혹은 가치. 춤 장르가 가진 한계 때문에 이 부분을 규명하기가 쉬운 일은 아니지만,[4] 탱고 역시 그 문화적 의미망 속에서 존재함은 분명하다. 나는 탱고가 구현하는 '의미'는 ① 탱고 춤 형태 자체가 담지하는 "타인과 하나 됨"이라는 고유의 메타포, ② 탱고 음악과 함께 전달하는 희로애락의 복합적 감

---

4 춤 미학이론의 큰 줄기는 '모방론', '순수형식론', '표현론'의 흐름을 가진다. 어떤 이론이든 정도의 차이는 있으나 의미론을 회피할 수는 없지만, 모방론과 표현론은 의미망을 찾는 데 적극적이고, 순수형식론은 동작의 순수성을 강조한다.

정 체계라는 두 가지 차원이 겹쳐있다고 본다. 탱고 음악이 탱고라는 춤의 불가분의 요소라는 점이 여기서는 더 강조되어야 한다. 가사가 있는 음악이 경우는 정서적 의미망이 더 확대된다.

3. 깨어있는 꿈으로서의 탱고. 현실과 비현실의 경계, 의식적·무의식적 욕망의 구현이 탱고다. 그런데 깨어있고, 집단으로 행한다. 소통하고 공유한다.

4. 비범함. 사실 예술의 정의라는 틀을 벗어나면, 모든 예술의 논의는 이 비범함 혹은 새로움 여부를 두고 이루어진다. 비범한 탱고가 있고, 평범한 탱고가 있을 수 있다. 그 경계는 명확하지 않다. 예술과 비非예술의 경계가 명확하지 않은 이유 중의 하나다. 비범함을 획득하여 예술로 나아갈 것인가 아닌가. 그것은 집단의 선택이기도 하고 개인의 선택이기도 할 터이다.

누구든 비범함, 탁월함을 성취하려는 욕구가 있다. 이것이 천재성에 의해 획득되지 않는 한 노력을 투입해야 한다. 탱고계 내에도 그렇게 노력을 투입하는 부류들이 있다. 그들 스스로는 '예술'을 하고 있다고 인식하지 않을 수도 있다. 그들은 탱고라는 춤과 테크닉에 더 집중하고, 자신의 춤을 발전시키기 위해 노력한다. 밀롱가를 가고 싶지만 좋은 수업이 있으면 거기에 우선하여 참여하고, 쁘락을 위한 별도의 시간을 할애한다. 비교대상군과 비교해 춤을 더 잘 추고 싶은 경쟁심이 높고, 많이 춤추기보다는 '질'이 담보된 춤을 추려고 한다. 그들은 파트너를 선택하는 과정에서 까칠하고 민감하다. 그들 중에는 자신의 춤 수준을 공연 혹은 대회 참여를 통해 객관적으로 인정받아보려는 경향이 좀 더 강할 수 있다. 반드시 그렇지만은 않은데, 공연 혹은 대회에 참여하지 않으면서도 예술로서의 춤을 밀어붙이려는 이들도 있기 때문이다. 나는 이들 부류가 예술을 한다는 점을 의식하든 않든, 더 극한으로 밀고 나가는 것을 응원한다. 그런데 한마디 덧붙이자면, 예술이 추구하는 비범함의 우선순위는 기술적 탁월함이 아니다. 탱고의 비범함은 탱고가 가진 형태적 특징과 공조하는 파트너십으로서의 본원적 욕구, 즉흥성과 자발성, 희로애락의 감정체계 등 탱고의 요소를 다 흡수하면서 자신만의 스타일을 구축하는 데 있다.

18
'아름다움'의 형식: 스타일과 테크닉

예술을 내용 + 형식으로 정의하든, 의미 + 구현으로 정의하든, 혹은 사용 가치(소통 가치) + 형태 가치로 표현하든 예술은 그 예술만의 형식, 형태를 가지고 있다. 이 형식이 '아름다움'의 외양을 가지고 있어야 한다는 미학이론 혹은 예술론은 이미 폐기되었다고 봐도 무방할 것이지만, 여전히 많은 예술 장르 및 개별적 예술작품들은 이 아름다움을 지향하고 있는 것이 사실이다. 인간은 미적aesthetic 활동(예술 활동을 포함하여 감각적·정서적 향유를 즐기는 활동 일체를 가리킨다), 예술 활동을 통해 '아름다움'을 추구하는 본능이 있다고 봐야 할 것이다. 예술의 공급자로서도, 예술의 수요자 입장에서도 마찬가지다. 그런데 여기서 유의할 것은 '아름다움'의 기준도 시대마다 바뀔뿐더러 동시대를 살아가는 사람 중에도 각기 다르다는 사실이다. 간주관성intersubjectivity에 따른 인류 보편적인 요소가 관통하지 않는 것은 아니지만, 그것보다는 시대에 따른, 혹은 인구집단, 각 개인의 개성에 따른 차이와 다름을 인정하는 쪽으로 큰 흐름이 이어져왔다고 봐야 할 것이다.

탱고 역시 마찬가지일 것이다. 120년 이상의 시간을 관통해온 탱고라는 춤과 탱고 음악이 지향하는 미적 기준과 대중의 호응도 역시 변화를 겪어왔다. 그럼에도 여기서는 현대의 밀롱게로 사이에서 보편적으로 통용될 수 있는 '아름다움'의 요소를 그 형식적 측면에서 추출해보고자 한다. 이 아름다움의 형식들은 앞 챕터들에서 정리한 탱고의 핵심가치와도 당연히 연계되어 있으며, 탱고라는 춤의 테크닉이 개발되고 발전하는 과정에서 정착되었다. 무수한 탱고 마에스트로들이 명멸하는 가운데 그 스타일이나 테크닉의 개성적 요소들을 다 따라가서 정리하는 것은 나의 역량 밖에 있고, 여기서는 가장 본원적인 핵심적 스타일 요소와 테크닉 요소 몇 개를 제시하는 것으로 만족하고자 한다.

1. '안고+걷기'라는 기본 프레임이 가지고 있는 본원적 아름다움. '리얼' 안기와 본원적 걷기. 안기와 걷기의 포스처posture가 탱고미美의 70% 정도를 결정한다.

2. 리드미컬한 동작과 빠우사의 조화. 여기서 빠우사pausa는 영어의 'pause'에 해당하는 것으로, 스텝의 멈춤을 의미한다. 음악을 흘려보내거나 천천히 조응한다. 기계적 움직임이 아니라 음악에 맞춘, 그리고 춤 사용자의 정서적 반응을 드러내는 형식이다. '애절함'과 '아스라함'을 표현하는 양식이다. 리드미컬+빠우사의 다양한 조합을 통해 희로애락을 표현한다.

3. 오초ocho. 틀어서 걷기. 오초는 크로스(교차cross) 걷기 시스템 발명에 따른 결과물이자, 모든 다양한 탱고 동작의 길목이다. 평행 걷기에서 교차 걷기로의 전환이 곧 오초이며 연속 오초, 즉 프런트 오초-사이드 스텝-백 오초-사이드 스텝-프런트 오초가 히로가 된다. 디소시아시온 테크닉이 오초 실행의 기반이다.

4. 히로giro(turn). 탱고의 시작이 걷기라면, 그 끝은 히로다. 공간
   감과 동작의 역동성, 그리고 우아함까지 더하고 싶다면 히로
   의 세계로 들어가야 한다.

5. 끄루세cruce(small cross). 교차 걷기에서 평행 걷기로 전환하려
   면 팔로워의 다리가 교차해야 하는데, 두 발을 겹칠 듯이 놓
   는 것을 '끄루세'라 한다. '작은 크로스'라고 부르기도 한다. 작
   고도 아름다운 탱고만의 시그니처 동작 중 하나다.

6. 바리다barrida. 파트너의 발을 쓸 듯이 옮겨놓는다. "발로 하는
   키스"[신예희(밀롱게라) 님의 표현]. 무게중심의 이동을 따라가
   는 것이므로 실제로 발을 밀어서 옮기는 것은 아니다.

7. 볼레오boleo. 리더-팔로워 간 역동작counter-movement의 역동적
   이고 아름다운 결과물. 다리가 반동하여 휘돌아 나오는 동작
   이다. 음악의 전환지점에 포인트로 사용하면 뮤지컬리티를 살
   리는 결과가 된다. 프런트front 볼레오와 백back 볼레오가 있다.
   팔로워의 동작으로는 왼발 프런트, 왼발 백, 오른발 프런트, 오
   른발 백이 있다. 이 중 오른발 프런트가 개인적으로 (리드하기
   가) 가장 어려운 동작이지만, 가장 탐나는 동작이기도 하다.

8. 사까다sacada. 사까다는 파트너가 있던 자리를 빼앗아(take) 들
   어가는 동작이다(걷기 동작이 사실상 모두 그러하므로 걷기
   의 일종이라고 볼 수 있다). 주로 오초나 히로 동작에서 쓰인다.
   예컨대 팔로워가 오른발 프런트 오초 할 때 양다리 사이로, 혹
   은 사이드 스텝 할 때 양다리 사이로 리더의 무게중심을 옮기
   면(=걷기) 그것이 사까다다. 파트너의 다리를 걸어 올리는 듯
   한 외양을 보이기도 하나, 그것은 외양일 뿐이다.

9. 간초 y 엔간체gancho y enganche. 간초/엔간체는 리더-팔로워 간 다리가 얽히는 것이다. 상대 다리와 걸리는 동작(간초, hook) 과 감는 동작(엔간체, wrap)인데, 하체의 다이내믹을 보여주는 것 외에도 하체에서 리더-팔로워 간 접촉이 이루어지는 동작 이어서 파트너 커넥션을 강화하는 요소가 될 수 있다.

10. 볼까다volcada/꼴까다colcada. 수직축의 변화를 꾀하는 동작이다. 발 간격을 벌려 수직축을 앞으로 기울이면 볼까다이고, 아브 라소 간격을 벌리며 뒤로 밀어내면서 원심력을 이용하면 꼴까 다다. 수직축을 살짝 무너뜨림으로써 신체감각적 변화를 주면 서 외양적으로 역동성을 강화한다.

11. 다양한 템포의 스텝. 리드미컬한 탱고를 추려면 사실은 이것이 핵심이다. 멜로디에 맞춰 추기 위해서도 필요하다. 2배 가속하 는 도블레띠엠뽀doble tiempo, 4배 가속하는 도블레도블레띠엠 뽀, 긴 호흡 멜로디에 대응하는 2배 감속 하프 타임half time, 싱 코페이션 리듬에 조응하는 뜨라스삐에traspie 등 자유자재의 템 포 조절 능력이 장착되면 무적에 가까워진다.

12. 피봇pivot과 다양한 방향으로의 방향 전환(cambio de frente). 피봇은 모든 동작의 기반이 되는 동작이다. 방향 전환을 자연 스럽게 하기 위해서는 피봇이 잘 장착되어야 한다. 다양한 방 향 전환은 다양한 템포와 함께 탱고 디나미까dinamica, 즉 역동 적 탱고의 핵심 운용원리다.

탱고의 스타일과 테크닉은 역동성과 우아함에 기여하면서 희 로애락의 감정을 표현하도록 돕는다. 탱고 춤꾼으로서 펼쳐내는 동 작이 만개滿開하려면, 그 핵심이 되는 스타일과 테크닉에 단단히 뿌리박아야 한다. 이것을 오롯이 장착하는 것은 지난한 과정이다. 쉽지 않다. 아름다움의 형식이 쉬울 리 있겠는가.

〈다니와 세실: 볼레오, 찰나의 순간〉

〈헤르만(Germán Ballejo)과 막달레나(Magdalena Gutierrez)〉

나의 탱고 스토리(2): '열렬' 밀롱게로? 땅또?

책의 부제를 '열렬 밀롱게로의 탱고 미학 에세이'로 했다. 나는 진짜 '열렬' 밀롱게로인가? 책 앞쪽의 용어 설명에서 '밀롱게로/밀롱게라'를 "탱고클럽인 밀롱가에 정기적으로 드나들면서 춤을 일상의 삶으로 살아가는 사람"으로 정의했다. "탱고가 피 안에 흐르는 사람"으로 정의하기도 한다(라보까). 밀롱게로/밀롱게라라는 정의 안에 이미 탱고와의 강한 밀착성이 표현되어 있기에 '열렬'이라는 말이 불필요한 수식어가 될 수도 있다. 탱고를 일상으로 하여 살아가는 사람으로서 그 일상에 침입한 정도에 따라 '열렬'이라는 칭호를 붙일 수도 있으리라. 사실 탱고 커뮤니티에서 이러한 열렬 밀롱게로를 칭하는 용어는 따로 있다. 바로 '땅또'라는 용어다. '땅고 또라이'를 약칭해서 사용한다. 풀어서 얘기하면 '땅고에 미친 사람'을 뜻하는 말이다. 다시 질문하면 나는 열렬 밀롱게로, '땅또'인가.

탱고를 일상으로 15년 이상 해왔고, 밀롱가가 아닌 다른 일상의 공간에서도 탱고 음악을 찾아 들으며, 탱고 시와 탱고 에세이를 '열렬하게' 쓰고, 유료와 무료 사이트를 넘나들면서 탱고 춤과 탱고 음악을 공부해온 것으로 보자면, 나는 땅또, 열렬 밀롱게로가 분명하다. 그런 한편, 탱고 입문 시부터 지금까지도 소속 아이덴티티를 가지는 탱고 동호회도 없고, 탱고 아카데미도 없다. 다시 말하자면 동호회 쪽으로든 아카데미 쪽이로든 소위 '기수'가 없으며, 탱고 활동이 가장 활발하게 진행되는 토요일에 거의 집에 머무르며, 평일이든 주말이든 연속 2~3일에 걸쳐 밀롱가에 가는 일이 드물며, 누구랑 짝 짓거나 그룹으로 모여서 밀롱가를 가지 않으며, 밀롱가 뒤풀이도 1년에 한 번 정도가 고작이며, 이러한 결과와 개인 성격까지 겹쳐 탱고 인맥 쌓기에서의 '무능력'한 점을 보자면, 나는 땅또가 아니고 땅또가 될 수도 없다. 열렬 밀롱게로로서의 자격 미달인 셈이다. 엄청난 에너지로 월-화-수-목-금-토-일-일 '주 8빠'를 찍는 경우('주 8빠'까지는 아니더라도 '주 3빠 이상' 하는 경우도 물론), 전업화 혹은 부분 전업화하여 탱고에 자기 삶을 건 사람들, 직업적 경력과는 무관하게 탱고의 예술적·수행·명상적 측면에 주목하여 정진하는 사람들, 테크닉적 완성도를 향해 연습하고 또 연습하는 사람들까지 진정한 땅또로 불릴 만한 사람들이 있고, 그들에 비해 나는 사실 미미한 사람이다. 특히 2020년 초부터 시작된 코로나 사태를 겪으면서 나는 진정한 땅또가 아님을 스스로 증명했다. 2년 가까이 되는 기간을 탱고 없이 살면서도 그렇게 살아지더라는 것이다. 물론 이렇게 할 수밖에 없었던 것은 '공공기관 직원'으로서의 근무 윤리 및 눈치 보기가 작동했지만, 등산이나 다른 활동을 하면서 일상생활을 영위하는 데는 문제가 없었고, 소위 말해서 '금단' 증상을 보이지는 않았더라는 것이다. 이 2년간의 공백 기간 중에 진도를 나간 땅또가 있었음은 물론이다. 일상으로 살아내는 게 어려움에도 그렇게 탱고를 붙들고 있었던 이들이. 밀롱게로로서 나는 이들에게 진정한 '리스펙트'를 보낸다.

그렇다면 다시 질문으로 돌아와 나는 누구인가. 나는 나를 '연성 땅또'로 정의한다. '약간 땅또'다. '약간 열렬' 밀롱게로다. 사실 연성 땅또로 살아가는 결정요인에서 객관적 조건이 70%를 차지한다. '탱라밸'(탱고-라이프 밸런스)의 문제다. 탱고 외에도 해야 할 일들이 있다는 얘기다. '탱고살이'는 나에게 "치열하고 철저한 탱라밸의 삶"이었다. 그 조건과 원칙을 준수했다고 자평한다. 주관적 조건이 30%인데, 나는 '탱고에 완전히 미치지는 않았다' 쪽이다. 완전히 미치지 않고도 사랑할 수 있는가. 그것은 "all or nothing"의 문제는 아니리라. 완전히 미치지 않고도 사랑할 수 있다. 그러나 객관적 조건의 봉인에서 어느 정도 해방되면 나는 한 발짝 더 땅또이고 싶다. 더 열렬한 밀롱게로이고 싶다.

〈라이브 밀롱가: 탱고 앙상블 델수르〉

〈부산스페셜탱고위크(2022): 파블로Pablo Rodriguez와 마호Majo Martinera〉

〈퍼시픽 탱고 챔피언십 2022 서울〉

〈코리아 탱고 챔피언십(2022)〉

제3부

탱고:
매혹과
공감의 시간

19
감각의 향연, 오감의 사치

오감五感 혹은 육감六感을 가진 존재로서의 자기확증이라는 점에서, 오감 혹은 육감의 총체적 체험이라는 점에서 탱고는 '사치'라는 이름에 값한다. '감각주의자', '쾌락주의자'라 불려도 좋다. 이 사치를 마다할 이유가 있는가.

첫째, 후각. 밀롱가를 들어서는 순간의 냄새다. 이국의 냄새, 낯선 냄새다. 레몬 향, 민트 향, 이름을 붙일 수 없는 향기까지. 이런 사치라니. 그것이 에르메스나 샤넬을 거쳐 땀 냄새에까지 이를 정도가 되면 지나칠 정도의 관능이 되고 만다.

둘째, 운동감각[1](다섯 가지 감각 중에서 미각을 빼고 운동감각을 넣는다). 리듬을 타는 몸의 움직임. 반응을 주고받으며 몸의 움직임을 만들어내는 것 자체의 즐거움. 구심력에서 원심력까지 아우르는 동작의 원리들. 부드러운 걸음과 디소시아시온, 급격한 방향 전환에 이르기까지 두 몸이 만들어내는 색다른 운동감각들.

셋째, 시각. 배롱꽃같이 타오르는 적홍색 드레스, 능소화빛 원피스, 연보랏빛 슈즈, 우윳빛 스커트. 하얀 무릎과 발목, 노랑과 파

---

1   여기서 운동감각은 '제6의 감각'인 고유수용성 감각에 해당하는 것으로, "발목, 무릎 그리고 엉덩이 관절의 위치와 근육과 인대로부터 오는 신호에 대해 고도로 발달된 감각"을 말한다(세인 오마라, 《걷기의 세계》, 미래의창, 2022).

랑, 진초록과 연분홍, 꽃무늬 스커트가 일상적으로 벌이는 색의 향연.

넷째, 촉각. 손바닥, 손등, 명치, 등, 볼, 귓불, 머리카락에 이르기까지, 실크에서 면과 광목까지, 촉각의 부드러움, 촉각의 따뜻함, 촉각의 축축함, 촉각의 서걱거림과 촉각의 아득함.

다섯째, 청각. 마룻바닥 서걱거리는 소리, 힐의 끼익거리는 소리, 숨결 소리, 손끝을 타고 올라오는 미세한 진동 소리, 옷 스치는 소리, 심장이 불규칙하게 뛰는 소리, 심장을 꿰뚫고 지나가는 위대한 악단들의 그리도 아름다운 음악들.

탱고는 오감의 사치다. 감각들을 열어서 감정을 고양하고, 감각들 가운데 평안하게 한다. 순간과 순간의 흐름 속에서 시간을 잊고, 감각들을 다 열어놓고서 집중하고 몰입에 빠진다. 그 시간이 지나고 나면 에너지가 다 소진된 듯 지쳐 쓰러지는 이유. 에너지가 회복되고 나면 다시 그 시간들을 잊지 못하고 찾아가는 이유.

20
관능과 에로티즘의 경계에서:
"안나 카레니나처럼 죽지 않기 위하여"

춤이 금기이던 시대가 있었다. 커플 댄스는 이중의 금기였다. 금기의 첫 번째 대상은 음악과 춤이 결합하여 만들어내는 감정의 파열이고, 두 번째 금기 대상은 관능의 문을 넘어 에로티즘[2]으로 가는 것이다. 춤이 일으키는 이들 '효과'에 대해 누군가는 경계하여 금지하고, 누군가는 기대하고 갈망할 일이었다. 과연 그러한지 살펴본다.

감정 파열

지금도 춤은 예외적 상황에 가깝다. 특정한 상황에서만 허용되는 비일상이다. 춤을 경계하는 이유는 음악과 몸동작의 결합으로부터 촉발되는 '감정의 분출', '감정의 파열' 때문이다. 이러한 감정의 파열은 또한 전염성이 있어서 춤을 추는 그룹과 그 주변으로 퍼져나간다. 개인 스스로 춤을 금기시하는 이유도 마찬가지로 감정의 분출과 파열이 두렵고, 감정의 전염이 두렵기 때문이다. 감정의 분출에 익숙하지 않고 '뻘쭘'하기 때문이다. 역으로, 춤을 추는 이유도 동일하다. 감정을 분출하고 때로는 파열에 이르기 위해서다. 그래야만 살아갈 수 있기 때문이다. 일상의 관점, 노동 세계의 관점에서

---

2 '에로티즘'과 '에로티시즘'은 혼용해서 쓰인다. 여기서는 뒤에 인용하는 조르주 바타유의 책 제목이 《에로티즘》이기에 '에로티즘'으로 쓴다.

보더라도 감정을 분출하고 파열을 겪어야 일상의 평화, 일상의 노동으로 다시 복귀할 수 있다. 또한 '뻘쭘함'을 극복하면 자기 스스로 감정의 주인이 될 수 있다. 여기서 '뻘쭘함', 즉 낯설고 부끄러운 감정의 본질은 무엇일까? 남들에게 어떻게 보일까 하는 눈치 보기, 내 감정 표현으로 인해 타인에게 취약점을 노출하는 게 아닌가 하는 두려움이 그 본질이다. 이러한 '뻘쭘함'의 감정을 극복하고 춤의 움직임 속에서 감정의 희로애락을 체험하면, 자기 감정의 주인, 나아가 삶의 주인이 될 수 있다. 무슨 춤이든 좋으니 발을 내디뎌보라. 무대 위에 올라서서 자신만의 춤을 추라. 무대가 아니라면 자기만의 공간에 무대를 만들라. 알프레도 수지Alfredo D. Sujie의 시에 따라 말하자면, "아무도 보지 않는 것처럼 춤을 추라".

관능과 에로티즘

지금까지는 '춤 일반'에 대해 얘기했다. 지금부터 하려는 얘기는 더 위험한 이야기다. 무려 '커플 춤'에 관한 이야기다. 커플 춤 중에서도 신체 밀착도가 가장 높은 축에 속하는 '탱고'. 신체 밀착도가 높아서 자주 관능의 춤으로 묘사되기도 하고, 에로티즘의 표출이라는 관점에서 고찰되기도 한다. 나는 탱고가 '관능의 춤'이라는 점에 대해 긍정한다. 탱고는 "오감을 자극하는 관능의 춤"이다(챕터 19 참조). 에로티즘의 표출이라는 관점은 유보한다. '에로티즘' 관점에서의 접근과 분석이 탱고 — 특히 우리의 주된 관심 대상인 살론 탱고 — 를 온전히 파악하는 데 걸림돌이 될 수도 있기 때문이다.

에로티즘 문제를 한 겹 더 들여다보자. 에로티즘 문제를 본격적으로 저술한 프랑스 철학자 조르주 바타유는 《에로티즘》에서 에로티즘을 밖에서는 관찰할 수 없는 "내적 체험"이라고 했다. 그렇다면 나의 생각으로는 탱고 역시 외부의 관찰보다는 내적 체험의 관점에서 살펴봄이 옳다 하겠다. 바타유에 따르면, 에로티즘은 불연속적 개체의 한계성을 벗어나서 연속적 존재로서의 존재 확증, 존재 확장의 욕망이고, 그러한 존재 확증, 존재 확장의 체험이다. 그 문은 잠깐 열렸다가 다시 닫힌다. 다시 불연속적 개체로 돌아온다. 나는 탱고에서 이와 유사한 내적 체험이 이루어진다고 본다. 우리가 흔히 '꼬라손'이라고 표현하는 몰입 상태에서의 들뜸과 환희 체험이다(챕터 15~16 참조). 바타유의 용법대로라면 존재 확장의 체험으로서(플라톤의 '에로스' 개념과 유사하다) 꼬라손을 '에로티즘의 현현'이라고 부르는 것은 무방하고, 영광된 이름일 수도 있다. 하지만 일반적 대중이 받아들이는 용법으로 '에로티즘', '에로티시즘'은 괜한 오해를 살만하다. 성적인 요소가 과잉 대표되어 오용될 수 있기 때문이다. 그렇다면 굳이 그 용어를 사용할 만한 설득력이 없다. 누군가에게 탱고에서의 '꼬라손'은 '따뜻한 아브라소' 위에 '절묘한 뮤지컬리티'가 얹어진 결과일 뿐인데 말이다.

금기를 넘어

다시 금기의 문제로 돌아온다. 커플 댄스로서의 탱고에 대한 금기는 적지 않게 존재한다. 그러나 안나 카레니나가 겪어야 했던바, 치명적인 사랑, 치명적인 금기는 아니다. 누군가에게 탱고는 "치명적으로" 아름답지만, 그 이유가 치명적인 금기 때문은 아니다. 적어도 현재 대한민국의 시점에서 탱고는 치명적 에로티즘도 아니고 따라서 치명적 금기도 아니다. 비유적으로 말해서 탱고의 매력은 '치명적'이고, 누군가는 진짜 그렇게 '죽을 듯이' 탱고를 춘다. 그러나 진짜로 목숨을 걸고 탱고를 추지 않아도 된다. 나의 생각은 다음과 같다. 탱고는 오히려 우회로를 제공한다. 막다른 욕망의 충돌 앞에서, 욕망과 현실의 교차로에서 기관차에 몸을 던지는 대신, 아주 치명적이지는 않은 금기에 대한 아슬아슬한 위반 속에서 우리는 아주 치명적이지는 않은 감정에 단련되는 것이다. 주변에 선언하든 아니면 혼자만의 은밀한 취미로 하든 상관없다. 지금 당장 탱고를 하라. 그것은 그리 위험하지 않다. 약간 위험한 정도다. 그리고 위험 대비 가성비는 매우 훌륭하다. 범생이 직딩인 당신이 즐기기에 충분하다.

〈미미: 손의 교감, 손의 욕망〉

21
흡연 없이 도파민을 얻고 싶은 당신에게:
"니코틴 중독 대신 탱고 중독"

흡연이 만연하던 시대가 있었다. 1998년 성인 남성 흡연율은 무려 66.3%에 이르렀다(남녀 전체는 35.1%). 2020년도에는 34.0%(남녀 전체는 20.6%)로 20여 년 만에 흡연율이 반토막이 났다. 여성의 흡연율은 6.5~6.7% 수준으로 거의 변화가 없다. 여성의 흡연율은 1998년 무렵 남성 대비 워낙 낮았던 탓에 거의 변화되지 않았는데, 2012년 7.9%까지 올라갔다가 다시 2015년 5.5%로 낮아졌다가 다시 현재의 수준에서 보합하는 수준이다. 그런데 남성 기준 아주 낮아진 흡연율에도 불구하고 OECD 국가 평균에 비하면 아직도 높은 수준이다(매일 흡연율 기준으로 비교하면 한국 남성 30.5%, OECD 평균 20.6%).

흡연의 '비규범화' 진행, 그런데도 흡연하는 이유

우리의 주제와 관련하여 여기서 얘기하려고 하는 초점이 흡연율 변화 자체는 아니다. 그리고 건강에 미치는 흡연의 위험과 사회적 위해도 아니다.[3] 초점은 금연과 관련된 규범의 변화다. 사회 규범적

---

3   이 목적도 전혀 없지는 않다. 현재 내가 직접 담당하고 있는 업무이기 때문이다. 흡연의 위험성과 금연의 필요성에 대해서는 인터넷 문헌들을 당장 찾아볼 수 있다. 〈금연해야 하는 104가지 이유〉 등 참조(《www.nosmokeguide.go.kr》).

으로 보았을 때, 20년 전 적어도 남성에게 담배는 "비非규범"이 아니었다. 길에서건, 버스 안에서건, 카페나 식당 안에서건 담배 피우는 것이 아무렇지도 않았다(지금으로서는 상상이나 할 일인가!). 그런데 그사이에 정부의 정책적 노력, 건강에 민감한 세태의 변화, '2차 흡연'에 대한 각성 등이 결합하여 흡연은 비규범적 행동으로 바뀌었다. 흡연자들이 '흡연권 존중'이라는 최후 보루를 붙잡고서 버티고 있긴 하지만, 흡연자는 이미 다수에서 소수로 바뀌었다. 그런데 왜 굳이 담배를 피워야 할까. 담배는 왜 피우는 것일까. 결국은 쾌락 및 행복의 문제에 닿아있다.

흡연의 메커니즘은 니코틴과 관련이 있다. 흡연하면 담배에 함유된 니코틴이 폐를 통해 체내에 흡수되어 5~10초 정도 만에 뇌에 도착하여 의욕 호르몬으로 불리는 '도파민'이라는 신경전달물질을 분출시킨다. 도파민은 기분을 향상하고 쾌감을 느끼게 한다. 단 10초 만에 기분을 좋게 하는 니코틴 흡수를 마다할 이유가 있는가? 그런데 문제는 이렇게 빨리 뇌 중추에 도달하는 니코틴은 이에 대한 내성도 함께 강화한다는 것이다. 인체의 '항상성' 유지 기능 때문에 과도한 도파민 노출은 역으로 도파민 수용을 억제하게 되고, 이는 더 많은 양의 니코틴 노출을 요구하게 되는 과정을 거치면서 결국에는 니코틴 중독에 이르게 된다. 금단 증상과 갈망craving 상태에까지 이르게 되는 니코틴 중독이 과연 건강한 도파민 획득 방법이라 할 수는 없을 것이다. 그렇다면, 이 도파민이라는 신경전달물질을 다른 활동, 건강하고 자연스러운 활동을 통해 얻을 수 있다면 어떨까. 몸의 '항상성'을 깨지 않는 범위에서 도파민을 적절히 제공할 뿐만 아니라 더불어 우리의 행복을 증진하는 세로토닌, 옥시토신 등을 풍부하게 분출시키는 활동이라면?

건강하게 도파민을 얻는 방법

우리는 이번 주제의 결말에 거의 이르렀다. '도파민을 분출하는 여섯 가지 방법'이라는 글을 찾았는데(유사한 글이 많으니 굳이 출처는 밝히지 않는다), ① 도파민 증가 식품 ② 도파민 보충제 ③ 운동 ④ 명상 ⑤ 취미(새로운 활동 도전 및 탐구) ⑥ 음악을 제시한다. 이 중 ①, ②는 음식물 섭취와 관련 있고 나머지는 운동, 명상, 취미, 음악이다. 이 네 가지 활동과 관련 있는 것이 떠오르는가? 그렇다. 바로 춤이다. 니코틴 중독이 아니라 춤 중독[4]이라면 어떨까. 건강한 중독-춤 중독-탱고 중독! 이것이 우리가 탱고를 추는 이유이며, 니코틴 중독자들에게 이쪽 세계로 건너와보라고 권유하는 이유다.

---

4   춤 중독을 일컫는 말이 "춤바람"인데, 예전에는 이를 춤을 매개로 한 불륜으로 이해하는 그런 '어두운 시대'도 있었다. 물론 지금도 그렇게 이해하는 '어둠의 세력'이 있긴 하겠다.

22
'7시간 통잠'이 절실한 그대에게:
"신체적 피로감과 정신적 행복감은
숙면을 위한 최적의 조합"

당신은 잘 자고 있는가? 잠을 푹 자고 자연스럽게 눈을 뜨는 황홀한 경험을 하고 있는가? 청소년 이전 시절의 경험처럼 가끔씩이라도 토요일 혹은 일요일 오전 늦게까지 10시간 넘게 늘어지게 자는 경험을 하는가? 아니면 그 반대로 수면에 어려움을 겪고 있는가? 잠을 잘 들지 못하거나, 중간에 깨거나, 피로가 채 가시지도 않았는데 아침 일찍 눈을 뜨는가? 제발 일주일에 한두 번이라도 푹 자고 싶은 게 소망인가? 당신은 어느 쪽인가?

수면 부족은 현대문명사회의 최대 적

우리 중 많이 이들에게 가장 절실한 문제 중 하나는 단연코 수면 문제라고 생각한다. 수면 부족은 현대문명사회의 최대 적이다. 수면을 박탈당한 사람들이 겪어내야 하는 고통과 생산성 저하 등에 따른 사회적 손실은 우리가 일반적으로 생각하는 것보다 훨씬 크다. 그나마 다행인 것은 과학적 연구로 수면 부족이 일으키는 파괴적 결과, 그 반대로 충분한 수면을 취했을 때의 긍정적 효과가 주목되기 시작하면서 '수면 암흑기'를 지나 '수면 부흥기'가 시작되고 있다는 점이다. "수면은 어떤 제약이 있더라도 반드시 존중해야 하는 인간의 기본적인 욕구이며", "우리가 진정으로 행복을 원한다면 분명히 수면을 첫걸음으로 삼아야 한다"는 인식이 확산하고 있다[위 문구 포함 허핑턴Ariana Hufington의 《수면 혁명》(민음사, 2016)의 내 용 주요 참고].

먼저 통계 및 수면 관련 기본 사실들을 살펴보자. 미국인의 40%는 최소권장기준인 7시간 수면을 취하지 못하고 있으며(미국 국립수면재단), 서울의 수면시간은 6시간 3분(웨어러블 기기 업체 '조본'의 데이터)이고, 전 세계인 중 60%가 휴대폰을 손에 쥔 채 잠 든다. 수면시간은 신경 활동이 활발히 이루어지는 시간으로, 회복 활동 및 기억강화 활동을 비롯해 뇌 청소와 신경화학적 차원의 독 소 제거 활동, 인지기능 유지·보수 활동이 이루어진다. 수면 부족 은 당뇨, 심장마비, 뇌졸중, 암, 비만, 알츠하이머 발병률을 높이며, 수면과 각성 주기를 조절하는 호르몬인 멜라토닌이 부족할 경우 유방암, 난소암, 전립선암 위험이 커지고 면역체계가 약화된다. 여 자가 남자보다 더 많은 수면을 필요로 하는데, 부족할 경우 높은 심적 스트레스, 적대감, 우울증을 겪게 된다. 감기를 예방하는 최고 의 약은 수면이고, 회복하는 것도 마찬가지. 그렇다면 수면 부족의 원인은 무엇인가. 직장 및 사회생활에서 스트레스와 압박, 뭔가를 놓치고 있다는 두려움FOMO, Fear of Missing Out, 카페인 음료 범람 등 이 주요한 원인으로 작용하고 있다. 소셜 미디어 역시 수면 부족을 가중하며, 도시 생활의 빛, 공해 등 잠들지 않는 도시생태계도 중요 한 원인 중 하나일 테다. 수면 부족의 양태 중 심각한 경우가 불면 증인데, 가장 흔한 불면증은 걱정, 불안, 스트레스, 그로 인한 흥분 이 일으키는 정신생리학적 불면증이다.

숙면으로 가는 길

우리에게 필요한 수면시간은 26~65세 성인 기준 7~9시간이다(미국 국립수면재단). 바쁜 직장인이라도 최소 7시간의 잠은 확보해야 한다는 얘기다. 그렇다면 이제 7시간 이상의 숙면을 취할 수 있는 방법을 알아보자. 수면의 양과 질 모두 중요한데, 아래의 방법은 수면의 양과 질을 확보하는 방법들이 혼합되어 있다. ① 먼저, 규칙적 운동. 수면시간 측면에서만 보면 운동과 수면은 배타적인 관계일 수도 있다. 잠을 줄여서 운동하는 것은 좋지 않다. 운동은 틈날 때마다 한다. 수면 직전의 운동은 안 좋을 수도 있지만, 그 외에는 괜찮다. 운동은 수면시간을 늘린다. 심폐기능이 강화되면 수면장애도 줄어든다. ② 수면 방해 음료 및 음식물 섭취 제한. 커피, 탄산음료 포함 카페인 음료 제한(오후 및 저녁), 잠자기 전 과식하지 말 것. 그 대신 칼슘이 풍부한 우유, 멜라토닌이 풍부한 체리 등을 먹는다. ③ 술은 처음에는 수면 촉진 역할을 하지만, 점점 수면 방해 역할을 한다. ④ 전자기기의 블루라이트를 멀리하라. 블루라이트는 각성제 혹은 수면 방지제 역할을 한다. ⑤ 침실 온도는 살짝 낮게. ⑥ 라벤더 향. ⑦ 잠자기 전 휴대폰은 멀리하라(④ 블루라이트, ⑩ 로그오프와 관련). ⑧ 명상. ⑨ 신체접촉. 피부와 피부의 접촉은 기분을 좋게 하는 옥시토신을 분비한다. 섹스(오르가슴)는 대자연이 제공하는 최고의 불면증 치료제다. ⑩ 업무로부터의 로그오프. 하루를 마감하는 것, 걱정을 내려놓는 것(⑦, ⑧과도 관련)[이 역시 아리아나 허핑턴의 《수면 혁명》 내용을 주요하게 참고].

탱고와 수면 촉진 효과

수면을 촉진하는 위 10가지 내용 중 탱고와 관련 있는 것은 ① 운동,

⑨ 신체접촉, ⑩ 로그오프다. 간접적으로는 ③ 술 멀리하기, ⑧ 명상과도 관련된다. 탱고는 먼저, 적절한 운동이다. 3시간 정도의 밀롱가 춤추기 혹은 프락티까는 상당한 운동 효과 및 이에 따른 피로도를 유발함으로써 수면을 촉진한다. 다만, 지나치게 늦은 시간까지 밀롱가를 즐기는 것은 수면시간을 줄일 위험이 있으니 조심할 필요가 있다. 두 번째, 신체접촉에 따른 스트레스 완화 효과다. 옥시토신, 세로토닌 등을 활성화해 기분을 좋게 하고 행복감을 증진한다. 이것이 불면증을 예방 및 치료하고 수면의 질을 높인다는 것은 분명하다. 세 번째로 세상으로부터의, 업무 스트레스로부터의 로그오프 효과다. 탱고는 낮과 저녁 사이의 스위치 오프 기능을 확실하게 할 수 있다. 세상일은 잊고 "내일은 없는 듯이" 춤을 추라. 그리고 그 기분 그대로 집으로 돌아가 잠을 자라. 꿀잠을 잘 수 있을 것이다.

정리해보자. 수면 문제를 겪고 있고, 중간에 잠이 깨지 않고 7시간을 내리 숙면하는 7시간 통잠이 절실하다면 탱고를 하는 것이 어떤가. 상당한 운동량에 따른 신체적 피로감＋정신적 이완 및 스트레스 완화로 인해 숙면의 가능성을 상당히 높일 것이다. 다만 조심할 것이 있다. 늦게까지 춤추면서 아드레날린이 솟구쳐 지나친 흥분 상태로 자정을 넘기거나, 뒤풀이까지 이어지며 수면시간을 줄인다면 탱고는 오히려 수면의 적이 될 수 있으니.

23
'몰입'을 통해 더 행복해지고자 하는 그대에게

탱고와 행복의 함수관계에는 여러 가지 요인이 작동한다. 이 중 몰입체험은 행복의 색다른 변수다. 가속 변수라고 할 수 있다.

몰입체험의 조건과 상태

심리학자 미하이 칙센트미하이Mihaly Csikszentmihalyi에 의해 소개되고 확산된(1970년대 중반 이후) '몰입flow' 이론은 '몰입' → '행복' 함수관계를 풀어내고 있는데, 그 핵심 이론 및 몰입의 핵심 구성요소는 다음과 같다. 몰입을 다룬 최근 저작인 《달리기와 몰입》[미하이 외, 제효영 옮김, (주)샘터사, 2019]에서 인용한다.

- '몰입'이란 한 가지 일에 몰두하는 동안 몸과 마음이 연동하면서 나타나는 최상의 경험이며, 가만히 쉴 때보다 어떤 활동에 몰두하여 해결하려고 노력할 때 경험할 확률이 높다.
- 몰입은 자기목적적인 경험이다. 즉, 몰입경험 자체가 보상이 된다.
- 몰입 상태가 되면 뇌 활성이 변한다. 여러 연구를 통해 몰입 상태에서는 전전두피질과 편도체가 불활성화되어 시간개념과 자의식이 사라진다.

- '러너스 하이'와 몰입은 비슷하지만 다른 현상이다. (러너스 하이는 뇌의 화학적인 변화에 의한 희열이며, 몰입은 뇌의 활성 변화다.)
- 자기목적적 성격의 소유자일수록 몰입을 경험할 가능성이 크고, 몰입을 수시로 경험한다.
- 현재 활용되는 몰입 모형에 따르면 선행단계를 구성하는 세 가지 요소, 즉 ① 명확한 목표, ② 해결과제와 기술의 균형, ③ 정확한 피드백과 처리 결과에 해당하는 여섯 가지 요소, 즉 ④ 주의집중, ⑤ 행동과 인식의 융합, ⑥ 통제력, ⑦ 자의식의 상실, ⑧ 시간개념의 왜곡, ⑨ 자기목적성(내적 동기부여)으로 구성되어 있다.
- 몰입은 즐거운 경험이다. 그러나 몰입을 경험한 사람들은 대부분 몰입한 '동안에는' 행복감을 느끼지 못하고, '몰입 후' 깊은 행복감을 느낀다. 몰입경험은 개인적인 성장과 발전의 기회를 제공하며, 이는 포괄적인 행복(존재하는 것만으로 행복한 기분)을 향상시킨다.
- '일시적 전두엽 기능 저하 이론'(아르네 디트리히 개발)에 따르면 몰입경험 시 전전두피질과 편도체의 활성 감소가 이루어지는데, 이를 통해 집중력이 향상되고 주의가 덜 산만해지면서 감정이 가라앉는 현상이 찾아온다. 우울증과 스트레스로 인한 증상이 감소하며, 현재에 머무르는 것을 통해 평온함과 평정심을 얻는다(《달리기와 몰입》요약).

위의 내용을 살펴보면 몰입과 행복의 함수관계가 그리 단순하지는 않다는 것을 확인할 수 있다. 몰입 '중'일 때 느끼는 감정과 몰입 '후' 느끼는 감정 간의 차이와 그에 대한 설명도 직관적으로 바로 이해되기 어려운 측면이 있다. 그래서 나는 다음과 같이 정리해 보았다. 몰입은 즐거움과 행복의 유일한 원천이 아니라 여러 원천 중 하나이며, 몰입체험으로부터 오는 행복감은 첫째, 직접적으로는 자의식과 시간을 잊고 자기목적적 활동 자체와 하나가 되는 경험을 통해 오는 행복감인데, 이 행복감은 몰입 중이 아니라 몰입 후에 비로소 자각된다. 둘째, 좀 더 포괄적이고 장기적인 방식으로는 과제의 난이도와 숙련도 사이의 균형 관계를 고도화시키는 과정에서 오는 자기성장의 행복감이다.

탱고와 몰입체험

그러면, 탱고와 몰입의 관계로 넘어가 보자. 먼저, 선행 효소 세 가지 요건의 충족 여부. 즉 ① 명확한 목표, ② 해결과제와 기술의 균형, ③ 정확한 피드백. 이 중 ①과 ③은 개인차가 있긴 하지만, 어느 정도는 해당된다. 여기서 주목하고자 하는 것은 2번 해결과제와 기술의 균형이다. 탱고는 "끊임없는 고도화 단계"를 가지고 있다는 점이다. 1년 이하의 초급자부터 10년 이상의 중·상급자 모두에게 그들 단계에 맞는, 몰입하기에 최적화된 기술·숙련 조합을 제공한다. 말하자면 이렇다. 탱고는 간단하지 않다. 이 춤에 숙달해서, 즉 더는 어렵지 않게 느껴져서 지루해져버리는 일은 일어나지 않는다. 매번이 도전이고, 매번 자기 자신을 숙련하여 그 도전을 맞이하는 활동이다. 단계마다 그 도전을 이뤄내면서 만족감을 얻어내는 활동이다. 그들이 짊어져야 할 과제의 수준을 재조정하긴 하지만, 그냥 그 과제의 도전을 아무렇지도 않은 듯 옆에 치워놓지는 않는다. 적어도 어느 정도까지는 춤을 제대로 추기로 마음먹고 뮤지컬리티를 구현하기로 했다면 그럴 수는 없기 때문이다. '비판형 완벽주의자'라면 좌절할 것이고, '긍정노력형 완벽주의자'라면 계속 성장할 것이다.

탱고는 몰입의 처리 결과에 해당하는 여섯 가지 요소, 즉 ④ 주의집중, ⑤ 행동과 인식의 융합, ⑥ 통제력, ⑦ 자의식의 상실, ⑧ 시간개념의 왜곡, ⑨ 자기목적성(내적 동기부여)에도 충분히 넘치도록 해당한다. 이와 관련한 탱고에서의 실제 몰입체험을 나의 경험과 다른 땅게로스들에게서 들은 내용을 종합하여 다음과 같이 제시한다. 음악, 파트너, 플로어에 주의 집중한다. 그러지 않으면 이 춤을 출 수 없다. 밀롱게로들을 보라. 그들은 행복한 웃음을 짓는 경우도 있지만, 더 흔하게는 고도의 집중 상태에서 오히려 심각하고 때로는 무념무상의 표정을 짓는다. 그들의 행동과 인식은 춤이라는 행위 속에 융합되어 있고, 자기 자신 및 파트너의 숙련 수준을 고려하여 정확하게 춤의 난이도와 흐름을 통제하며, 시간을 잊고 자의식을 잊어버리는 '몰아체험'도 수시로 경험한다. 그들은 때로 깊은 잠에 빠져들 듯이 2~3시간을 깊이 침잠(몰입)했다가 다시 깨어난다. 탱고는 그 자체의 목적에 복무한다. 완벽한 자기목적적 활동의 예다.

정리하면, 탱고는 선행조건에 해당하는 세 가지 요소 및 처리 결과에 해당하는 여섯 가지 요소를 충족시키는 활동이다. 불편한 커넥션, 어울리지 않는 음악, 따뜻하지 않은 밀롱가 분위기 등 몰입을 방해하는 일이 종종 벌어지곤 한다. 그러한 방해 요소들을 뚫고 한 곡 혹은 한 딴다를 끝냈을 때 그들은 만족감에 크게 웃거나 미소 짓는다. 밀롱가에서 즐기는 즉각적인 행복과 함께 과제의 난이도와 숙련도 사이의 균형 관계를 고도화시키는 과정에서 오는 자기성장의 행복감을 제공한다. 이 세계로 넘어와 보시라. 다른 즐거움이 많지만, 무엇보다 '몰입'에서 오는 행복감을 얻을 수 있다.

24
패배하고 좌절하고 우울한 당신에게:
"탱고는 위로하고 치유하는가"

치열한 선거전쟁이 끝났다(2022년 3월 시점). 누군가는 승리, 누군가는 패배. 좀 너그러운 마음을 품자면 승리한 그들에게 축하를 보낼 만하다. 그러나 패배는 뼈아프고, 특히 이번 선거는 또 여러 가지 이유로 더욱 뼈아파서 차마 축하할 마음을 내지 못한다. 그런데 선거에서 후보도 아닌 내가 이렇게 뼈아플 이유가 뭔가. 그건 바로 선거가 나 자신을 위한 싸움이기 때문이다. 선거는 나의 가치, 나의 인생을 건 싸움이 되기도 하기 때문이다. 그래서, 선거전쟁에서 패배한 당신에게 탱고는 위로가 되는가?

선거전쟁의 예로 시작했지만, 이 외에도 현실에서 패배하여 좌절하는 일은 수없이 많다. 좌절하고 슬픔에 빠진 그대에게 탱고는 위로가 되는가? 실연, 입시 실패, 입사 실패, 사업 실패, 이유도 마땅히 없는 우울감. 이 모든 것에 대한 '일시적인 위로' 혹은 더 나아가 '치유'의 힘을 가지고 있는가? 탱고는 현실의 '패배'를 되돌릴 수 없지만, 도피처를 제공해준다. 마음을 붙일 한 치의 공간을 내어준다. 진정 이 '패배'의 날을 위해 탱고가 필요할 수 있다. 현실에서 패배할지라도 우리는 우리만의 문법에 따라 반도네온 소리에 취하고 따뜻한 아브라소에 취할 수 있다. 세상이 차마 이 공간마저 빼앗아 가기야 하겠는가.

탱고는 일시적 도피처를 넘어, 몸과 마음의 질병을 치유하고 성장시킨다는 많은 증거가 제시되고 있다(KBS 《생로병사의 비밀》〈내 몸을 춤추게 하라〉, 2018.4.11. 방영). 이것은 댄스테라피 영역인데, 이 영역에서 다루는 것은 몸과 마음의 질병을 치유하는 효과에 대해서다. 일반적으로 우울증 개선 효과가 보고되고 있으며, 파킨슨병 환자들의 치료 효과도 소개되고 있다. 탱고를 포함하여 춤 활동이 다른 운동에 비해 인지기능 향상 및 엔도르핀, 도파민 등 '행복 호르몬' 분출 효과가 뛰어나다는 점, 그리고 마음의 병을 치유하는 데는 춤이 가진 경쟁력이 상당하다는 점이 확인되고 있다.

여기서는 탱고테라피의 전문적 영역으로 나아가 세부적으로 다루는 대신, 몸과 마음의 건강, 특히 마음 건강을 지킬 수 있는 몇 가지 탱고의 요소를 제시하는 것으로 만족하고자 한다. 첫째, 허그, 포옹만으로도 위로받을 수 있다. 둘째, 음악이다. 음악은 기대-예측-충족 기전을 통해 마음에 활력을 심어준다. 셋째, 규칙적이면서 리드미컬한 신체활동은 몸의 면역력뿐만 아니라 마음의 면역력을 키워준다. 슬픈 일을 당했더라도 거기에서 빠져나오도록 돕는다. 회복 탄력성이다. 탱고는 일시적 위로일 뿐 아니라 몸과 마음을 건강하게 만들어 '좌절-슬픔 대응 시스템'을 구축한다.

25
낯가림이 있지만, 내적 열정이 뜨거운 당신이라면: 성격유형에 맞는 소셜 댄스 찾기

버킷리스트에 소셜 댄스 혹은 커플 댄스를 올려놓은 사람들이 꽤 많은 듯하다. 그런 사람들이라면 마냥 미루지 말고 "그냥" 실행하기를 권한다. '취미'라고 해서 느긋하게 당신을 기다려주지 않는다. 소셜 댄스는 무대용이나 공연용이 아닌 일반적 사교 목적의 춤을 통칭한다고 보면 될 듯하다. 볼룸댄스 및 한국식 카바레의 소셜 댄스를 제외하고 비교적 젊은 층이 즐기는 대중적 소셜 댄스로는 살사, 스윙, 탱고가 있다. 이 세 가지 춤 중 나에게 맞는 춤은 무엇일까? 탱고를 추천한다면 그 이유는 무엇일까?

먼저, 개인 성격personality과 관련된 부분이다. 예컨대 MBTI 검사유형별로 살사, 스윙, 탱고를 즐기는 사람을 분류하여 그 결과를 참고할 수 있다. 통계적 검증이 필요하겠지만, 우선은 직관에 따라 나의 주장을 펼쳐보겠다(이렇게 주장하는 이유는 필자가 인식기능에 있어 직관형에 가깝기 때문이다). 에너지 방향이 내향형(I)인 사람은 살사, 스윙보다는 탱고가 더 어울린다는 것이 요지다. 나머지 선호 경향은 세 춤 유형 간 차별성이 두드러지지는 않을 것 같다. 춤을 즐기는 사람이라면 춤의 유형과 상관없이 인식기능에 있어서는 직관형(↔감각형), 판단기능에 있어서는 감정(↔사고), 생활양식에 있어서는 인식(↔판단)에 가까울법하지만, 이 역시 통계적 차별성이 크지는 않을 것이다. 참고로 INFP 유형 설명은 다음과 같다. "성실하고 이해심 많으며 개방적이다. 잘 표현하지 않으나 내적 신념이 강하다." 어떤가. 탱고에 어울릴법한 유형인가. 외향형인 ENFP는 "상상력이 풍부하고 순발력이 뛰어나다. 일상적인 활동에 지루함을 느낀다." 어떤가, 탱고를 즐길만한 유형인가. 그렇다. 그런데 살사와 스윙이 더 어울리지 않는가. 필자 개인의 얘기로 이 단락을 마무리하자면, 서로의 눈을 들여다보면서 상체의 웨이브를 한껏 활용하는 살사와 그와 유사한 춤은 "민망스럽고" "느끼해서" 추지 못했을 것 같다. 나에게는 탱고라는 출구밖에 없었다.

　두 번째는 '몸' 에너지의 방향성과 민첩성의 수준이다. 20대라면 그 에너지가 하늘로 솟구쳐 오를 기세다. 텀블링하고, 격렬하고 아크로바틱하게 몸을 쓰는 스윙을 권할 만하다. 그 에너지 방향성에 캐리비안의 뜨거움을 더하면 그게 중남미 '라틴 필'이 물씬 묻어나는 살사가 된다. 탱고의 에너지는 스윙, 살사에 비하면 좀 더 차분하고 에너지의 방향성은 "땅으로 향한다."[바일라(밀롱게라) 님은 이를 "저중심성"이라 칭한다.] 탱고의 에너지는 밖으로 발산되는 에너지라기보다는 안으로 쌓여가는 에너지이고, 안으로 충분히 응축된 다음에 표현된다. 그러한 응축된 힘의 폭발로서 때로는 화려한 바리아시온 춤사위로 나타나기도 한다. 하지만 탱고에서 더 중요한 것은 파트너 간 커넥션이고 그들의 내밀한 대화다. 스텝이 아니라 '빠우사'라는 긴 호흡의 이전移轉, transition(스텝과 스텝 사이, 천천히 이동하거나 잠시 멈춰있는 시간) 동작에 환호를 보내는 이유이기도 하다. 30대 혹은 40대, 그리고 50대 이상인 사람에게는 어느 춤이 더 어울리며, '몸'이 더 적응하기 쉬울까. 스윙이나 살사에 비해 탱고는 좀 더 느긋하게 기다려주는 쪽이다. 그러나 탱고 역시 마냥 기다려주지 않는 것은 마찬가지다. 좀 더 젊을 때 몸을 쓰고 단련시켜야 함은 당연하다.

마지막 세 번째는 음악과 함께 통합되어 있는 감정분출의 영역이다. 단연코 감정 영역의 스펙트럼에 있어서 탱고가 그 폭이 가장 넓다는 생각이다. 살사 음악과 스윙 음악을 잘 모르는 입장에서 섣부른 주장일 순 있겠으나, 탱고의 감정 혹은 정서 영역은 넓고도 깊다. 희로애락을 다 담고 있다. 곡별로 대표적인 감정을 드러내기도 하고, 한 곡 안에 다양한 감정의 층위를 겹쳐놓기도 한다. 이것이 내가 탱고를 추천하는 가장 중요한 이유다. 이 복합적 감정의 층위에 한번 "잘못" 발을 내딛게 되면 한 10년은 헤어나오지 못하고 "헤매게" 될 것이라고 보장한다. 기쁨과 즐거움, 슬픔과 한탄, 열정과 분노 모두 품고 있다. 분노를 노래한 대표적인 곡으로는 뜨로일로의 *Una Carta*가 있는데, 한 기결수가 어머니에게 보내는 편지에서 자식을 버리고 다른 남자에게 가버린 아내에 대한 분노의 감정을 표현한 내용이다. 아마도 살사나 스윙에서는 기대하기 어려운 가사 내용이고 곡의 정조가 아닐까 한다.

정리하자면, 개인 성격의 측면, 몸 에너지의 측면, 감정과 정서 측면에서 탱고를 선택해야 할 이유를 제시했다. 이것은 탱고를 하는 사람으로서의 내재적 접근이다. 살사, 스윙과 비교해 예술적 우위를 주장하고자 하는 것은 아니다. 살사, 스윙 혹은 그 외 다른 춤이라도 그들만의 내재적 접근에 따라 또 다른 비교 준거점이 있을 터이다.

26
"박자에 맞춘 몸의 움직임"의 놀라운 효과,
그 충동에 굴복하라

이제 춤의 고유 영역으로 들어가 보자. 음악과 불가분 연결된 춤의 영역은 바로 비트, 리듬인데, 음악과는 차별적인 의미에서 춤이 고유하게 가지고 있는 본질은 "몸으로 비트와 리듬을 표현"하는 것이라 할 수 있다. 탱고는 춤의 하위 범주에 해당하므로 비트와 리듬의 힘에 대해 먼저 해명하고, 탱고 리듬의 특징으로 나아간다.

먼저, 규칙적 박자 혹은 비트의 힘(박자time와 비트beat는 엄밀히 다른 개념이지만, 여기서는 구분할 실익이 없어서 혼용해서 쓰기로 한다)에 대해 《움직임의 뇌과학》(캐럴라인 윌리엄스, 이영래 옮김, 갤리온, 2021)에서 인용한다.

우리가 규칙적인 박자를 좋아하는 이유는 다음에 나올 박자를 쉽게 예측할 수 있기 때문이다. 우리의 예측이 맞으면 보상과 즐거움과 관련된 뇌 호르몬, 도파민이 약간 분비된다. 뇌에서 소리와 움직임이 연결된 방식 때문에 몸으로 박자를 맞추는 것은 기분을 좋게 해줄 뿐 아니라 대단히 쉽다. (중략) 박자는 뇌-신체 경로를 작동시킨다. 박자에 맞춰 춤추지 않고는 못 배길 방식으로 말이다. 박자는 소리와 움직임에 관련된 뇌 영역 안에 동기화된 전기적 활성화를 통해 이런 일을 한다. 이에 따라 두 영역의 뇌파가 연결되기 시작한다. (중략) 신경의 소음 사이를 뚫고 나가는 박자의 능력은 음악에 맞춰 춤추고 싶은 충동의 핵심이다. (중략) 이런 충동에 굴복해서 실제로 몸을 움직이면 누구나 큰 만족감을 얻는다. 벨기에 겐트대학교의 음악심리학자 이디스 반 다이크는 춤이 또 한 번의 도파민 분비를 유도한다고 말한다(pp. 107-108).

위의 내용을 정리하면 ① 규칙적인 박자의 음악을 듣는 것만으로도 도파민이 1차 분출되고, ② 그에 맞춰 몸을 움직이면 도파민이 2차 분출된다. 그렇다면 박자에 맞춰 춤추고 싶은 충동에 굴복하지 않을 이유가 있는가.

두 번째는 박자 중에서도 선호되는 박자. 키, 성별, 나이, 몸무게에 상관없이 사람들은 1초에 두 번 떨리는 진동, 즉 2Hz에 공명한다고 한다. 2Hz는 분당 120박의 속도에 해당한다. 서구의 모든 팝과 댄스 음악의 박자이기도 하다. 놀라운 우연 아닌가? 인간인 우리가 모두 같은 박자에 맞춰 춤춘다는 사실은 춤을 통해 서로에게 쉽게 동기화할 수 있다는 의미이기도 하다. 동일한 박자에 맞춰 함께 춤춘다는 사실만으로도 더욱 가까워질 수 있다니 마다할 이유가 없다. 탱고 역시 다른 댄스 음악과 마찬가지로 분당 120박 내외의 범위 안에 있다. 강음 기준으로 보통의 탱고 음악들은 60~70비트 사이에 있는데, 강약 비트를 다 포함했을 경우 분당 120~140비트다. 다소 빠른 비트인데, 강음과 약음을 선택하여 스텝을 밟으면서(normal, double, half) 템포를 조정할 수 있다.

세 번째, 규칙적인 박자를 선호하지만, 여기에는 살짝 반전이 있다. 메인 비트에서 벗어나는 곡이 '그루브'하게, 즉 '더 매력적으로'

느껴진다는 것이다. 당김음(싱코페이션)이 사용되면 음악은 더 다채로워지고, 매력적이 된다. 이런 곡은 박자를 찾기가 더 어렵지만, 박자를 찾아내고 나면 자신이 무대에서 가장 멋진 사람처럼 느껴진다. 당김음 비트가 있는 것이 더 즐거운 이유는 내이(內耳)가 관장하는 '평형감각'과도 관련이 있다. 넘어질 듯 넘어지지 않고 균형을 찾는 것과도 같이 당김음은 궤도에서 잠깐 벗어났다가 다시 궤도로 돌아오는 감각을 선사하기 때문이다. 박자의 규칙성과 궤도 이탈 사이의 균형점에서 음악과 춤은 집중하게 하고, 반사신경을 곧추세우게 하며, 최고의 즐거움을 준다. 탱고가 그렇지 않은가.

탱고는 비트의 규칙성이 탄탄하고 리듬의 변주가 화려한 음악이자 춤이다. 워킹 비트가 명확해서 춤추기 좋다. 그리고 그 규칙성(즉, 보통 템포)을 벗어나지 않은 한도 내에서(규칙성을 벗어나면 춤곡으로서의 의미 상실) 화려한 리듬의 변주를 선보인다. 자진모리 바리아시온의 다리엔소와 라우렌스, 오프 비트의 황제 비아지 Rodolfo Biagi, 카운터 멜로디 디살리, 강약 콘트라스트 뿌글리에세, 템포를 늘렸다 줄였다 하는 뜨로일로에 이르면 황홀경에 빠질 지경이다. 변용된 박자에 맞춰 춤추고자 하는 충동은 극단으로 치닫는다.

정리해보자. 탱고는 규칙적인 박자에 맞춰 몸을 움직임으로써 도파민을 두 번 분출한다. 분당 120비트에 맞춰 춤으로써 같이 공명한다. 당김음을 통해 즐거움을 극대화한다. 도파민이 터보로 네 번 분출되는 셈이다.

27
"가장 가깝고도 아무것도 아닌 사이"

마이너스 5센티미터
그리도 가까웠던 사람이
이리도 무심히 멀어질 수 있다니요
2개월 만에야 당신을 안았군요
무심히 지나치더니 아스라이 멀리 있더니
단박에 다시
마이너스 5센티미터
- 졸시 〈마이너스 5센티미터〉 전문

위의 시에서 나는 탱고 안에서 사람 관계의 역학을 보여주고
자 했다. 나의 심장과 너의 심장을 겹쳐놓을 듯이 0센티미터를 넘
어 마이너스 거리에 이르도록 서로의 가슴으로 뚫고 들어갔던 사
람이 춤이 끝난 이후에는 아무 일도 없었다는 듯이 돌아서고, 아
무 연락도 없이 무심하게 멀리 있다가 2개월 만에야 다시 우연히
만나 탱고를 춘다. 다시 마이너스 5센티미터로 가까워진다. 이는 실
제 탱고 현실의 단면이다.

누군가는 가까운 사람을 원하면서도 상대방에 대한 불충분한
정보 혹은 관계의 고착성에 대한 우려 때문에 아주 가까워지는 것

을 원하지 않는 모순적인 상태에 있는 경우가 많다. 가능태인 이별의 껄끄러움(슬픔이 아니라) 때문에 현실태의 만남 자체를 꺼린다. 누구나 가까운 사이끼리의 친밀감을 원하지만, 한번 빠지면 헤어나오기 쉽지 않은 친밀감의 덫에는 걸리고 싶지 않은 것이다. 그런데 가까울 수 있을 때 최대한 가까워지고, 서로 이별을 통보하지 않고도 즉각적으로 멀어지며, 재회의 확인 절차 없이도 다시 가까워질 수 있는 사이라면 어떤가. 탱고에서라면 그게 가능한데 말이다. 그것도 한 명이 아니라 여러 명과!(챕터 28, 36, 나의 탱고 스토리 3 참조)

일상에서의 친밀감과 탱고에서의 친밀감은 다른 영역과 형식 안에 있다. 일상에서의 안기와 탱고 안기가 다른 것처럼 탱고 안에서의 친밀감은 탱고가 제공하는 그 예술형식 안에서 형성되는 친밀감이다. 탱고 평론가 데이비드 카터David Cater는 탱고에서의 친밀감을 '순수한 친밀감'innocent intimacy이라 부른다. '비성적인non-sexual 친밀감'이라고도 해설했다. 탱고를 "10분간의 연애", "12분간의 사랑" 등에 비유하지만, 그것은 메타포일 뿐이다. 탱고는 현실에서의 연애는 아니다. 그러나 분명히 실체가 있는 친밀감을 준다. 순수하기에 감정의 소모가 적다. 즉각적으로 가까워지고, 즉각적으로 멀어진다. 친밀감을 나누기 위해서는 아브라소와 스텝을 배워야 하지만, 거기서 빠져나오는 데는 비용이 들지 않는다. 친밀감을 나눌 뿐 친밀감을 나눈 "그" 사람에게 고착될 일은 없다. 쿨하지 않은가.

결론적으로, "가장 가깝고도 아무것도 아닌" 사이, 주어진 형식과 시간 속에서 "12분간의 친밀감"을 나누는 사이를 원한다면, 탱고는 가장 훌륭한 솔루션이다.

28
느슨하지만 탄탄한 공동체를 원하는 당신이라면:
"멀티 파트너십이 작동하는 탱고 공동체로"

앞의 글에서 탱고에서의 파트너 관계를 "가장 가깝고도 아무것도 아닌 사이"로 규정하니, 반론의 기세가 만만치 않게 느껴진다. 그래서 "아무것도 아니나 가장 가까운 사이"로 규정해도 된다고 제안한다.

그런데 더 넓은 맥락에서 보면 "가장 가까운 이를 저 멀리 보내야 하는" 새로운 관점이 보인다. 그것은 바로 밀롱가에서 파트너 체인지의 맥락이다. 한 딴다가 끝나고, 짧은 꼬르띠나cortina(딴다와 딴다 사이 짧은 휴지 기간을 의미함)의 휴지기를 보내고 또 다른 파트너를 맞이해야 하기 때문이다. 그전 딴다에서 생성된 감정의 축적 상태를 그 파트너에게 고착시키고 내보내지 않으면 현재 파트너와 함께 생성해가야 하는 감정의 공간이 남아있지 않게 된다. 그런데 한 딴다에서 생성된 감정의 고양과 기쁨의 상태가 훅 사라져버리지는 않는다. 다만, 그것을 그 파트너와의 관계로 귀속시키지 말고 밀롱가 전체를 끌고가는 춤의 에너지에 보태어 그다음 딴다를 이어가야 한다(나의 주장이라기보다는 밀롱가 생태계가 그러하다).

그런데 특별한 경우가 있긴 하다. 특정 파트너와의 딴다가 너무 좋아서 그 파트너와만 추거나, 그럴 상황이 아니면 그 파트너와의 딴다가 끝난 뒤에 밀롱가를 끝내는 경우다. 축복할 만한 일이다. 그런데 매번 그럴 수 있을까. 혹은 다른 가능한 견해로는 굳이 감정을 내보낼 필요가 있냐는 것인데, 그렇게 딴다마다 감정의 축적을 각각의 연애 감정의 축적처럼 쌓아올리면 우리 뇌가 감당할 수 있을까. 터져버리지 않을까? 뇌나 심장 둘 중 하나는.

탱고는 가장 내밀한 일대일 게임이면서 동시에 다多:다多로 풀어가는 멀티 파트너십 게임이다. 이는 한 번의 밀롱가에서의 맥락이 아니라 전체 탱고 라이프에 확장해보아도 유효하다. 장기적인 탱고 파트너 관계를 맺는 이들도 있지만, 일반 밀롱게로 기준으로 대부분 고정 파트너가 없다. 밀롱가에 가서 그때그때 까베(눈짓, 고갯짓으로 춤 신청하는 것을 의미)를 통해 한 딴다의 파트너가 될 뿐이다. 탱고 라이프가 오래 이어지다 보면 사실상의 고정 파트너(여기서는 레귤러하게 춤추는 관계라는 의미임)가 여럿 생기게 마련이고, 동호회 기반이건 밀롱가 기반이건 같이 춤추는 일종의 파트너 그룹이 생기기도 한다. 개별화하면 "아주 가까우면서도 아무 것도 아닌" 관계인데, 관계망이 여러 명 혹은 그룹으로 확장되면서 시간이 축적되면 느슨한 듯하면서도 강력한 연대가 형성된다. 말하자면 '탱고 공동체'가 형성되는 것이다. 각 개인을 기준으로 보면 관계의 밀도에 따라 1차 관계망, 2차 관계망, 3차 관계망의 형태로 탱고 인맥 체계가 형성된다. 경우에 따라 이는 '유사 가족'의 기능으로 작동한다. 싱글들인 경우에는 더욱 그러하다. 일을 마치고 집으로 귀가하는 것이 아니라 밀롱가로 귀가한다.

'현실 연애'와 '탱고 연애'(여기서 '탱고 연애'는 '파트너링'을 의미하는 메타포다)를 비교하면서 멀티 파트너십이 이루어지는 과정을 설명해보자. 현실 연애에서 배타성의 경계 범주는 매우 좁지만(단 1명!), 탱고 연애에서 배타성의 경계 범주는 꽤 넓다. 그 범위를 한 밀롱가로 좁히면 배타성의 범주는 10명 안팎이다. 한 사람이 10명 정도와 춤을 춘다고 가정하면 그 10명 안에만 들어가면 까베가 성공할 것이다. 경쟁상황이 아주 높지는 않다. 밀롱가라는 '정글'에서 '질투', '배타성'이라는 감정이 왜 지배적인 감정 코드가 되지 않고 제한된 형태로만 작동하는지를 설명하는 배경이 된다. 즉 리더 20명, 팔로워 20명인 밀롱가를 가정해보자. 내가 리더라면 팔로워 20명 중 10명의 팔로워가 나를 우선순위 10명의 리스트에 넣어주면(다른 변수들을 제외하면), 이론적으로 나는 10 딴다를 확보하게 된다. 내가 만약 평균적으로 우선순위 안정권인 7번 정도에 해당하면, 굳이 1~6번에 사소한 질투를 넘어선 좌절감을 느낄 이유는 없게 된다. 더군다나 리더에 대한 팔로워의 선호 기준 및 선호도는 인맥의 요소, 춤 실력의 요소, 외모 요소가 모두 작동하여 중화·분산될 터이므로 리더가 아웃라이어(인맥도 없고 춤도 못 추고 외모도 안 되는 경우)만 아니라면 춤출 기회는 리더 20명에게 나름 적절한 비율로 배분될 것이다. 이것이 내적 긴장 속에서도 밀롱가에 평화가 유지되고, 경쟁의 와중에서도 전쟁으로 치닫지 않는 이유다.

결론적으로, 탱고는 다수 파트너와의 내밀한 일대일 경험을 제공하는 한편, 한 사람 한 사람을 넘어선 다수와의 "느슨하지만 탄탄한" 공동체를 제공해준다. 당신이 아주 구제 불능인 아웃라이어에 머물지 않으면 그 공동체에 진입하여 탱고를 즐길 수 있다. 탱고는 배타성의 경계가 아주 넓지는 않지만, 너무 좁지도 않은 멀티파트너십의 세계다.

29
드레스업: "자기표현과 자기유혹의 시간"

탱고의 시간은 드레스업dress up 시간이다. 일상에서는 표현하기 어려운 과감함과 극강의 섬세함으로 나를 표현한다. 적홍색 혹은 연분홍, 우윳빛 혹은 청명한 블루, 압도적 블랙과 연초록과 진초록. 나를 제대로 표현할 수 있는 나만의 색깔을 선택한다. 촤르르 흘러내리는 실크 소재 블라우스, 히로 동작에 팔랑거리며 우산처럼 펼쳐지는 리넨 치마. 오늘은 골반선이 그대로 드러나는 진을 선택한다. 아니, 그것보다는 통바지가 좋겠다. 그게 더 탱고스럽다. 등은 깊게 판다. 아니, 오늘은 어깨를 판다. 아니, 오늘의 콘셉트는 실루엣이다. 색깔, 소재, 형태에 이르기까지 의상에 대한 그녀들의 선택은 까다롭고 때로는 파격적이고, 때로는 클래식하고 때로는 모던하며, 정념에 넘치거나 프레시하다. 의상에 이어서 드레스업의 목록은 귀걸이, 화장, 구두, 향수에 이르기까지 쭉 이어진다. 그 무엇이 되었건 나를 가장 나답게 표현하되, 일상에서는 하기 어려운 방법으로 표현해보리라.

이러한 드레스업의 시간들은 대부분 여자들을 위한 시간이고 남자들은 이해하지 못하는 영역일 수도 있다. 그러나 남자들도 정도와 품목의 차이는 있을지언정 드레스업의 시간을 가져야 한다. 현실에서 그들의 드레스업은 심플한 편이다. 심플함을 넘어 무성의

의 경지를 보여주는 경우도 가끔은 있다. 그러나 그들 중에는 셔츠를 몇 개씩 준비하거나 땀에 젖은 머리를 말리기 위해 헤어드라이어를 준비해놓거나 곱게 개어놓은 땅고 바지를 준비하는 이들이 분명히 있다. 더운 밀롱가에서 수트를 고수하는 경우도 있다.

이들은 왜 이런 수고로움을 자청하는 것일까. 까베에 성공하고, 상대방 파트너에게 좋은 인상을 남기고, 땀과 냄새 등에 따른 불쾌감을 줄이기 위한 목적일 것이다. 그런데 더 중요한 이유가 있다. 그것은 탱고의 시간을 일상을 벗어난 시간으로 만들고, 밀롱가라는 공간을 일상을 벗어난 시간으로 만들기 위해서다. 비일상의 파티 시간이다. 비일상의 파티에는 비일상적인 방법으로 참여해준다. 이러한 비일상의 파티 참여로 우리는 온 감각을 열고 감정을 분출하며 생명력을 보충한다.

맘껏 드레스업의 시간을 즐기자. 이에 소홀했던 남자들도 동참하자(여자들의 원성이 들리지 않는가?). 밀롱가가 매일 열리는, 탱고가 '일상화'된 환경에 살다 보면 조금 소홀해질 수도 있긴 하다. 편한 복장으로 탱고를 즐길 수도 있다. 그렇더라도 밀롱가는 파티다워야 한다. 탱고와 만나는 시간은 파티를 위한 드레스업의 시간으로부터 시작된다. 타인을 유혹하기에 앞서 자기 스스로를 표현하고 자기 스스로를 유혹하는 시간이다.

30
9센티미터 하이힐의 비밀

여자들의 경우, 탱고와 만나는 시간은 9센티미터 하이힐을 만나는 시간이기도 하다. 9센티미터일 수도 있고 7센티미터, 8센티미터일 수도 있고 10센티미터일 수도 있다. 일상에서는 하이힐이라 하더라도 일반적으로 7센티미터를 넘지 않는다. 살사, 콘티넨털 탱고 등 다른 춤에서도 5~6센티미터 정도다. 그런데 왜 탱고에서는 7센티미터를 넘어 9센티미터인가. 그 비밀을 풀어보자.

첫째, 포지션. A자형 포지션이지만, 꼭 A자형이 아니고 11자형에 가까운 경우라도 높은 하이힐이 가슴 콘택트를 쉽게 하기 때문이다. 하이힐이 엉덩이를 '업'시키면서 신체 밸런스를 잡기 위해 가슴을 앞으로 향하게 한다. 가슴을 떼어서 추는 콘티넨털 탱고와는 다른 이유다.

두 번째는 《http://www.dancefacts.net/tango/tango-shoes》 사이트에서 설명을 찾아볼 수 있다. 여자 탱고 슈즈는 'enhanced hill'이 권고되는데, 그 이유는 상세히 설명되진 않았지만 높은 힐이 그라운드에 닫기 좋고 포인트 무브, 즉 피봇을 비롯한 움직임에 좋기 때문이다. 그라운드와의 접촉면을 발바닥 전체 면에 분산시키지 않고 앞볼 쪽에 모아주는 효과가 있음직하다.

세 번째는 남자의 평균 키(171센티미터)와 여자의 평균 키

(158센티미터)의 차이를 상당 부분 상쇄하여 여자의 키를 높여주는 효과다. 평균적으로 봤을 때 남자 슈즈의 굽이 3센티미터이고 여자 슈즈의 굽이 9센티미터라면 남자는 174센티미터가 되고 여자는 167센티미터가 되어 5~7센티미터 차이가 나게 되는데, 이 정도의 키 차이가 편안한 아브라소를 위한 최적의 범위가 된다 할 것이다.

9센티미터의 존재 이유는 그렇다 치더라도 9센티미터는 분명히 땅게라들에게 도전의 대상이다. 사실 7~8센티미터만으로도 탱고라는 춤의 기능적 요구는 충족하는 것으로 보이는데, 왜 9센티미터가 표준이 된 것일까(마담피봇의 경우 8.5센티미터). 그것은 대부분의 미적 기준치가 그렇듯이 신체가 허용할 수 있는 한계치까지 밀어붙인 결과치일 것이다. 9센티미터가 발목이 꺾이는 한계치이자 아름다움의 표준이 된다. 현실에서는 브랜드에 따라 8.5센티미터도 되고 8센티미터도 될 수 있다. 연습화에서 8~9센티미터로 가는 과정이 처음에는 적응하기가 녹록지 않다. 그러나 기어코 도달하고 만다. 고행일지언정 우유니사막에 반드시 도전하고야 말 듯이, 그녀들은 아름다움의 표준에 도전하고 기어코 도달한다.

구두는 드레스업의 영역이기도 하지만, 드레스업을 넘어 탱고 내재적 미적 표준이 되었다.

아래는 졸시 〈구두 1〉이다.

9센티미터의 상승
그녀들은 거듭난다.
(중략)
그녀들의 아름다움은

발목의 아름다움
발목의 아름다움은
구두의 아름다움
9센티미터의 도도함
9센티미터의 애절함
밤새 그녀들은 뒤척였다.
오늘 그녀들은 새로 태어난다.

31
탱고는 공감이다:
"그대가 즐거워야 내가 즐겁다,
내가 즐거워야 그대가 즐겁듯"

탱고는 공감의 예술이다. 접촉이어서 공감이고, 어루만짐이어서 공감이다. 음악을 함께 들어야 해서 공감이고, 함께 느껴야 해서 공감이다.

어느 땅게라가 말했다. 파트너인 땅게로가 춤추는 동안 너무 압박감을 느끼고 있다면, 너무 신중하다면, 그래서 즐겁지 않거나 즐겁지 못하다면, 땅게라 역시 즐거울 수 없다고. 어떤 경우는 땅게로가 너무 배려하지 않아서 실패하지만, 어떤 경우는 너무 배려해서 실패한다. 자기가 즐겁지 않고는 상대방을 즐겁게 하는 데 실패하고 만다는 것인데, 그것이 탱고라는 것. 그 역의 경우도 마찬가지. 땅게라가 즐겁지 않고는 땅게로가 즐거울 수 없다는 것. 상대방이 즐겁다, 즐겁지 않다는 것을 어떻게 알아챌 수 있는가. 대부분 즉각적으로 알아챌 수 있다. 그것은 몸의 반응 때문이다. 일단 긍정적인 신호가 교환되면 두 몸은 공감을 주고받으며 그 한 곡의 클라이맥스를 향해 함께 여행하기 시작한다. 즐거움이 즐거움을 자극하고, 그 즐거움이 또다시 즐거움을 자극한다. 감탄이 용기를, 용기가 또다른 감탄을 자아내며 그 커플은 선순환의 고리를 탄다.

이렇듯 탱고는 공감의 물결을 주고받으며 그 최대치를 함께 만들어가는 것인데, 실력의 차이가 있다면 어찌할 것인가. 몸을 부리는 실력, 음악을 듣는 수준의 차이, 감수성의 차이를 어떻게 극복할 것인가. 이런 경우라도 균형과 타협의 노력이 필요하다. 이것 역시 공감의 과정이다. 서로의 몸이 보내는 신호를 재빨리 피드백해서 그 실력의 범위 내에서 즐거움을 최대화할 수 있는 최적점을 찾아내야 한다. 파트너로부터 듣고, 파트너에게 들려주어야 한다. 그의 떨림을 들어야 하고, 그의 설렘을 들어야 한다. 그의 망설임도, 주저함도 들어야 한다. 불편하다는 외침도 들어야 한다. 그리고 들려주어야 한다. 당신과의 탱고가 즐겁다는 것을, 나는 최선을 다해 춤추고 있다는 것을, 나는 최대한 당신을 배려해서 춤추지만 그것이 나를 지나치게 압박하거나, 즐거움을 방해하거나, 용기를 꺾지는 않는다는 것을, 당신은 나를 자극하며 나의 용기를 북돋아준다는 것을.

제러미 리프킨은 《공감의 시대》(이경남 옮김, 민음사, 2010)에서 '공감'이 하나의 당위나 규범이 아니라 사람의 '본질'이자 '현실'에 해당하는 것임을 보여주려 한다. 이 책에서 그리는 '공감'의 시각에서 보면, '하찮은' 드라마조차 왜 그렇게 많은 사람이 시청하고 열광하는지 설명된다. 그것은 드라마 주인공들의 삶을 통해 '공감'하기 때문이다. 사람은 공감하면서 살며, 공감하면서 살아야 한다. 수많은 드라마와 문학작품, 예술, 토크쇼와 개그쇼, 소모임과 동호회, 수다와 뒤풀이의 존재이유다. 타인의 삶을 이해하기 위해서도 공감이 필요하고, 자신을 사랑하고 보호하기 위해서도 공감이 필요하다. 하물며, "탱고를 추기 위해서는 두 사람이 필요하다It takes two to tango"라고 일컬어질 만큼 협력의 메타포로 자리 잡고 있는 '탱고'에서는 어떠하랴!

그리하여 다시 한번, 탱고는 공감의 예술이다. 탱고는 혼자만의 예술이 아니라 둘이 함께 공감을 주고받으며 그 즐거움의 최적점을 찾아가는 예술이다. 듣고 들려주어서 공감이고, 북돋워주고 어루만짐이어서 공감이고, 피드백이고 튜닝이어서 공감이다. 그 공감을 통해 나는, 우리는, 살아있다는 느낌을 받는다.

32
낯선 것의 친밀함

탱고는 그랬다. 밀롱가 문을 처음 열고 들어가는 순간부터 지금까지도 낯설고 두렵고 설레고 친밀하다. 나는 오늘도 조금은 두려운 마음으로 밀롱가를 향한다. 혼자 문을 열고 들어서는 밀롱가는 여전히 낯선 감정을 불러일으킨다. 오늘 춤을 추게 될 땅게라들이 낯설고, 그들의 반응이 두렵고, 한 번씩 맞닥뜨리게 될 그들의 거절이 두렵고, 어딘가에도 소속되지 못하고 겉도는 듯한 나의 위치 — 춤과 인간관계 모두에서 — 가 어색하기도 하다. 아는 얼굴들을 만나고 인사를 나누고 누군가의 옆에 끼어서 자리라도 잡게 된다면 그런 두렵거나 낯선 감정들은 줄어들고 춤에 대한 기대감과 설렘이 커진다.

낯설거나 두렵고, 설레거나 친밀한 '복합감정'을 느끼는 것은 탱고가 어느 한순간도 머무르는 법 없이 흘러가기 때문이다. 지난주에 나를 반갑게 맞이하던 땅게라가 어느 순간 나를 거절한다는 것. 나는 최선을 다해 춤을 추었지만, 그녀의 반응은 신통치 않다는 것. 평소대로 즐겁게 춤을 추었다 하더라도 예전의 영감과 놀라움은 줄 수 없다는 것. 예상치 않은 어려운 음악이 나와 그녀의 오랜만의 딴따를 어색하게 만든다는 것. 이런 것들이 나를 두렵게 한다. 한편, 설렌다는 것은 놀라움이 기다린다는 것. 훌쩍 성장한 그녀에게 놀라기도 하고, 그녀의 작은 칭찬에 큰 용기를 얻기도 한다는 것. 또 설렌다는 것은 따뜻함이 기다린다는 것. 오로지 음악에 집중하면서 상대방의 따뜻한 체온을 느낄 수 있다는 것. 오래 묵은 그녀이거나 오늘 처음 맞잡은 그녀라도 그게 가능하다는 것.

탱고는 낯섦과 친밀함의 경계 사이에서 "평화롭게 혹은 위태롭게" 자리 잡고 있고, 어쩌면 그 낯섦 때문에 독특한, 매번 새롭게 갱신되는 친밀감을 준다. 그 친밀감은 항시 유동하는 것 속에서 맞닥뜨리는 친밀감이며, 어제 확보되었다고 오늘 보장되지는 않으며, 매 순간 최선을 다하는 가운데 은혜처럼 밀어닥치는 친밀함이다. 탱고 음악이 가지는 보편타당한 정서와 아름다움, 탱고라는 춤의 기본 기술이 우리가 탱고에서 기대하는 설렘과 따뜻함의 가능성을 위한 토대와 기둥으로서 떠받쳐준다. 그러나 우리는 그 마지막 결과를 알 수 없다. 탱고는 미묘한 춤이고 경계선상에서 변화무쌍하며, 친숙하듯 하다가도 낯설고 그래서 오히려 질리지 않고 우리를 매혹한다.

33
칭찬은 밀롱게로를 춤추게 하는가:
칭찬의 효과와 함정

'피그말리온 효과' 혹은 '로젠탈 효과'. 칭찬과 긍정적인 기대가 실제로 긍정적인 결과로 이어지는 효과를 일컫는다. 시차를 두고 일어나는 이러한 효과는 차치하더라도 칭찬은 지금 바로 이 순간에 즉각적인 효과를 준다. 적절한 칭찬을 들으면 기분이 좋아진다. 당연한 일이다.

탱고 안에서 보자면, 파트너 간 서로 주고받은 긍정적·부정적 피드백 중 '칭찬'은 '말'로 이루어지는 긍정적 피드백이다. 칭찬의 구체적인 내용과 칭찬이 전달되는 톤과 매너에 따라 차이는 있겠지만, '말'로 이루어지는 칭찬만큼 확실한 피드백이 있겠는가. 그러나 칭찬에도 함정은 있다. 먼저 칭찬의 함정 사례를 살펴보고, 올바른 칭찬 사용법을 제시한다.

칭찬의 함정
칭찬의 함정이란 칭찬으로 인해 긍정적인 결과가 아니라 오히려 부정적인 결과를 낳게 되는 경우를 말한다. ① 적정수준을 넘어서는 지나친 칭찬, 진심이 담기지 않은 칭찬인 경우다. 그 칭찬이 '내'가 가진 속성(즉, 내가 잘나거나 잘해서) 때문이 아니라 '그'가 가진 속성(즉, 칭찬을 남발하는 스타일) 때문임을 확인하면 찜찜한 뒷맛을 남기게 된다. ② 격에 맞지 않는 칭찬인 경우다. 칭찬을 받은 상대방이 '평가를 받는 듯한 느낌을 받게 된다면 그 칭찬은 실패다. 예컨대 초보 땅게로가 고수 땅게라에게 "춤 잘 춘다"라고 칭찬하는 경우다. ③ 칭찬의 대상이 잘못 겨냥된 경우다. 상대방이 원하지 않는 영역을 칭찬하는 경우인데, 개인 편차가 있어서 매우 까다로운 영역이다. 예컨대 상대방이 원하지도 않는 '미모'를 평가하는 경우다. 칭찬의 대상이 너무 모호하거나 범위가 특정되지 않은 경우도 있다. ④ 칭찬의 표현이 잘못된 경우다. 직접 표현하기 어려운 경우는 간접적으로 표현해야 한다(뒤에서 다시 설명).

칭찬의 함정은 위의 경우들 외에도 '긍정적 효과가 부정적 효과로 전환'된 경우도 있다. 이 점에 주목을 요한다. 이를 나는 '역로젠탈 효과'라고 부르겠다(세계 최초?). 먼저, 칭찬받은 그 속성을 자기 자신에게 '고정 속성'으로 고착시키는 경우다. "춤을 잘 춘다", "뮤지컬리티가 좋다", "아브라소가 좋다"라는 칭찬을 받았을 경우, 혹은 누군가가 과장하여 "당신이 최고로 잘 춘다"라는 칭찬을 받았을 경우, 스스로를 '최고의 춤꾼'으로 등극시키는 경우다. 긍정적 피드백은 바로 그 순간과 이후 성장을 위해 좋은 것이지만, 성장 측면에서 그 피드백은 앞으로 일어날 수많은 피드백 중 하나로만 여기는 것이 좋다. 두 번째는 칭찬한 사람과 칭찬을 받은 자신과의 관계를 고착시키는 경우다. 탱고는 끊임없이 진화하고 발전한다. 칭찬한번 하고 받았다 해서 칭찬한 사람이 계속 자신을 찬미할 보장은 전혀 없다. 그 사람을 자신의 '찬미자'로 고착시키면, 탱고 관계 맺기 및 춤 신청에서 결례를 저지를 자양분이 된다. 잊지 못할 칭찬을 받았다면 마음 한구석에 소중하게 간직하는 것만으로 충분하다.

밀롱가에서의 올바른 칭찬법

1. 가벼운 칭찬은 언제든 좋다(과연 언제든 좋을까).

2. 칭찬은 꼭 하지 않아도 된다. 어색하거나 적절하지 않은 '말' 칭찬은 독이 되기도 하므로 차라리 말 칭찬의 위험을 피하라.

3. 평가자의 입장에서 상대방을 평가하는 느낌을 주는 칭찬은 피하는 것이 좋다. 이것은 초보가 고수 파트너를 평가하는 경우(즉, 격에 맞지 않은 경우)뿐만 아니라 모든 경우에 해당한다(스승-제자 관계는 예외로 한다).

4. 위 3번과 관련하여 상대방의 속성을 겨냥하여 칭찬하기보다는("춤 잘 춘다", "뮤지컬리티가 좋다") 자신의 느낌을 가지고 칭찬하라("춤이 좋은데요",[5] "편하고 좋아요", "이번 딴다는 느낌이 좋았어요", "음악이 잘 들렸어요").

5. 상대방의 속성을 겨냥하든, 자기의 느낌을 표현하든, 지속적인 객관적 속성("당신은 최고의 땅게로[라]예요", "뮤지컬리티는 당신이 최고예요", "당신은 리듬 왕이에요")이 아닌, "오늘 지금"의 느낌을 표현하라("오늘 리듬감 최고였어요", "아까 아도르노 좋았어요", "아까 비아지 피아노 독주 부분 너무 신났어요").

6. 칭찬의 대상을 광범위하고 모호하게 하는 것("춤 잘 춘다")보다는 범위를 좁혀서 하는 것이 좋다("리드가 편하다", "아도르노가 좋았다"). 포괄적 피드백보다는 구체적 피드백이 더 좋은 법이다. "네가 좋다"가 아니라 "나는 너의 이런 점을 좋아한다"라는 칭찬.

5 　"춤이 좋다"라는 유의 표현은 상대방의 속성을 나타내는 말이기도 하고, 자신의 느낌을 나타내는 표현이기도 하다. 무난하고 좋은 표현이지만, 후자의 느낌이 나도록 표현하는 것이 좋다는 생각이다.

7. 간접화법을 사용하라. 상대방의 미모와 몸매를 칭찬하고 싶어 못 견디겠더라도 직접 미모와 몸매를 겨냥하지 말고 스타일과 멋진 드레스를 가볍게 칭찬하라("오늘 드레스 진짜 화사하고 멋지네요", "머리 깎으셨나 봐요. 훨씬 젊어 보이세요"). 드레스와 스타일 칭찬을 받았으면, 그대로만 받아들이면 된다('내가 멋지다고 생각하는 것일까' 하고 상상하는 것은 자유).

8. 직접 칭찬하지 않더라도 "고맙다", "잘 추었다"라는 말은 칭찬의 신호가 될 수 있다. 이런 표현은 의례적인 말이기도 하지만(의례적인 말, 즉 예의를 차리는 말이기 때문에 안 하는 것보다 하는 게 좋다), 거기에 조금의 진심을 담아내면 칭찬을 대신하는 좋은 인사가 된다.

9. "다음에 또 신청해달라", "다음에 또 추면 좋겠다"라는 말은 칭찬과 더불어 사용해도 좋고 칭찬을 대체하여 사용해도 좋다. 상대방의 춤이 좋았다고 하는 강력한 긍정 피드백이다(인지 강화를 넘어선 행동 강화 요법에 해당).

10. 마지막으로 말 칭찬을 대체하는 몸의 칭찬. 손을 누르거나 등을 눌러주는 것. 마지막 곡이 끝나고 나서 2~3초간 안고 있는 것(사실 모든 칭찬 중 이것이 최고다. 상대방이 살짝 당황할 수 있으니 적당하게).

이 모든 말이 좋다
아무 말 안 해도 내 손을 꼭 잡아주거나
등을 꾹 눌러주는 당신이 좋다
혼신을 다해 춤추게 한다
  - 졸시 〈칭찬은 밀롱게로를 춤추게 한다〉 중에서

34
나에 대한 칭찬

앞 챕터에 이어 칭찬에 관한 이야기를 이어간다. 이번에는 '나에 대한 칭찬'이다. 타인에 의한 칭찬도 중요하지만, 결국 이것도 자기칭찬으로 이어져야 유효하다. 우리는 '드레스업'에 이어 '탱고 슈즈'(여자의 경우에는 하이힐)도 갖춰 신음으로써 자기유혹과 자기칭찬의 준비를 끝냈다. 타인에 의한 칭찬을 하염없이 기다리기보다는 스스로를 칭찬할 시간이다.

> 나는 살아있고
> 나는 아름답고
> 나는 여자다
> 나는 땅고, 이 춤을 잘 춘다
> - 졸시 〈나는 땅고, 이 춤을 잘 춘다〉 부분

이 시 화자의 경우에는 자기칭찬이, 외로운 밀롱가 공간에서 '벽꽃'wall flower(춤 신청을 받지 못해 춤출 기회가 적은 여자를 일컫는 은어)을 탈출하기 위한 자기암시로 기능하며, 결국 그 자기칭찬은 '자기충족적 예언'이 되어 불모의 사막에서 한 줄기 선인장 꽃을 피우게 된다. 이처럼 세상을 잘 살아내기 위해 자기칭찬이 필요한

것처럼 탱고 라이프를 잘 살아내기 위해서도 자기칭찬은 꼭 필요
하다. 그리고 그런 그들을 응원하기 위해 서로에게 작은 칭찬들을
살짝살짝 찔러 넣어주면 된다. 그 작은 칭찬만으로도 그와 그녀들
은 큰 용기를 얻고 자기칭찬도 함께 섞어서 성장해갈 것이다.

　그런데 자기칭찬을 넘어 자칫 '자기기만'의 함정에 빠져서도 곤
란하다. 남의 눈을 너무 의식할 필요는 없겠지만, 최소한 자기만의
미적 표준은 정립해야 하고, 그리고 그것은 너무 높지도 않게(내가
아차발이 될 수는 없는 것 아닌가), 너무 낮지도 않게 설정되는 것
이 좋을 터이다. 그리고 그 기준을 조금씩이라도 올려가면서 자기
성장을 꾀하는 것이 좋겠다는 생각이다.

　한편, '외적 평가'의 소용돌이 속에서 자기칭찬은 어디까지 유
효할까. 각종 탱고대회가 끝난 직후에는 휘몰아치는 칭찬폭풍의
한가운데에 서 있게 된다(경쟁 대회 자체가 배타적-위계적 칭찬의
형태). 대회에 참가한 사람들은 물론이고 대회에 참가하지 않은 사
람들에게조차 '나의 위치는 어디일지' 되돌아보는 계기가 되는 듯
하다. 경쟁이냐 아니냐를 떠나서 타인의 관점으로 자기 춤을 평가
받는 것을 완전히 회피할 방법이 없다면, 자기성장을 위해 탱고대
회를 활용하는 것이 좋으리라 본다. 수상자들의 춤을 감상해보는
것이 그 출발이다. 아르헨티나 출신 챔피언들의 춤을 찾아보고 감
상하고 연구하는 것과 같은 맥락이다.

　그런데 이러한 때 더욱 중요한 것은 자기 춤의 맥락 안에서 자
기칭찬을 유지하는 것이다. 여기서는 절대 서열을 매길 수 없다. 탱
고 안에서 내가 행복을 느끼고, 나의 뮤지컬리티를 구현하며, 나와
파트너 둘이 만들어가는 그 특별함을 느끼면 되는 것이기 때문이다.
대체할 수 없는 유일무이한 체험이 탱고이며, 그 특별한 체험 속에

서 파트너와 더불어 나는 아름답고 빛난다. 이러한 체험으로 '하늘나라'에 든다면 그 하늘나라에 순위가 있겠는가.

자기칭찬으로 자기암시를 걸어보자. 성장으로 이어질 것이다. 그런데 더 중요한 것은 누구에게도 주눅 드는 일 없이 오롯이 지금 여기 나의 탱고를 즐기는 것이다. 나는 그럴 자격이 충분하다. 나는 아름답고, 나는 땅고 이 춤을 잘 춘다.

35

불꽃 튀는 까베세오의 세계:
"까베의 주도권을 확보하라"

'까베세오'cabeceo(이후 줄여서 '까베'라 쓴다)는 눈짓이나 고갯짓으로 춤 신청을 주고받는 것을 일컫는 용어다. 나라마다, 지역마다 적용되는 구체적인 형태는 다를 테지만, 밀롱가의 파트너링partner-ing(파트너 짓기) 규범으로 자리 잡았다. 한편, '까베' 외에 다른 형태의 춤 신청-수용도 있을 수 있으며, 그 존재 양태는 다양하리라 본다.

눈짓이나 고갯짓으로 춤 신청을 주고받는다 했는데, 어찌 보면 이는 참으로 '실용적인 접근'으로서 효율적인 방식이라 할 것이다. 음악이 크게 나오는 환경, 춤 신청 대상이 좀 멀리 떨어져 있을 수도 있는 상황에서 '말'을 대신하여 '고개와 눈짓'으로 파트너링을 맺는 것이니 말이다. 이것이 까베를 해석하고 운용하는 데 가장 자유로운 혹은 느슨한 방식이라 할 것이다.

그런데 '탱고 문화적 맥락'으로 다가서면 그 의미가 이렇게 한정될 리 없다. 까베에 대한 해석의 두 번째 층위는 효율성이 아니라 '위험회피'다. 즉, 양방 어느 한쪽이든 원하지 않는 춤을 예방하는 효과다. 새 딴다가 시작되는 시점에 눈을 마주치지 않으면 된다. 그렇다면 대화 중에 눈짓 혹은 고갯짓으로 신청하는 것은 까베에 해당할까? 춤 신청 회피의 기회를 차단했으므로 이는 온당한 까베가 아니다. 춤 신청의 효율성과 위험회피 이 두 가지 층위가 충돌할 때, 어느 것에 우선순위를 두어야 할까. 당연히 후자에 두어야 한다. 이를 인사 채용에서의 두 가지 오류에 비유하여 설명하고자 한다.

인사 채용에서 첫 번째 오류 유형(유형 1)은 뽑지 말아야 할 사람을 뽑는 경우다. 일종의 고문관을 채용하는 결과로 두고두고 골치가 아픈 오류 유형이다. 두 번째 오류 유형(유형 2)은 뽑아야 할 사람을 뽑지 않은 경우다. 실적달성과 성장에 꼭 필요한 인재를 못 뽑는 대가가 따르긴 하겠지만, 오류 유형 1만큼 골치가 아프지 않고, 정작 그 오류를 저질렀는지 알 수 없는 경우가 태반이다. 인사 채용 전문가라면 오류 유형 2를 감수하더라도 오류 유형 1의 위험은 적극적으로 회피하려 할 것이다.

인사 채용 및 탱고 파트너링에서 오류 유형과 극복 전략

분야	오류 유형 1	오류 유형 2	전략
인사 채용	채용하지 말아야 할 사람을 채용하는 경우	채용해야 할 사람을 채용하지 않은 경우	오류 유형 1 회피 우선 → 오류
탱고 파트너링	춤추지 말아야 할 사람과 춤추는 경우	춤추어야 할 사람과 춤추지 못한 경우	유형 2 극복 기회 도모

이를 타 분야에 적용하는 것이 반드시 옳은 것은 아니겠고, 지금 주제인 탱고 파트너링 과정에 적용하는 것이 무리일 수도 있다. 잘못된 파트너링이라도 '겨우 1 딴다 정도인데?' 하고 반문할 수 있다. 그런데 한 번의 딴다가 아니라 그것을 계기로 장기적 파트너링 과정으로 이어지면 의외로 골치 아플 수 있다. 내키지 않거나 춤추기 싫은 사람과 어쩔 수 없이 춤춰야 하는 리스크를 감수해야 한다. 그러한 위험을 회피토록 보호하는 것이 까베를 규범화한 밀롱

가 문화의 요체라고 나는 생각한다. '안전'이 확보되어야 '탱고 모험'
을 즐길 수 있다.

그리하여 다시 한번 확인하자면, 까베의 핵심가치는 '상호성'
에 있다. 춤추고자 하는 욕구가 상호적이어야 한다. 이 상호성만 확
인되면, "Shall we dance?" 하며 말로 신청하든, 눈짓과 고갯짓도 필
요 없이 손을 잡고 이끌든 무슨 상관일까. 필요하다면 로컬 밀롱가
의 예절 코드를 따르되, 그 정신을 지키는 것이 더 중요하리라 본다.
이 상호욕구에서 한 단계 더 진도를 나가자면 그 욕구가 능동적인
가, 수동적인가다. 당신은 욕구의 대상을 특정하여 욕구하고 신호
를 보내는 편인가, 아니면 오는 신호를 캐치해서 웬만하면 수용하
는 편인가. 어느 쪽이 맞다, 틀리다의 문제는 아니고 자원이나 개인
성향과 관련된 측면이 있겠지만, 자신을 더 사랑하고자 한다면 능
동적인 까베가 낫지 않겠는가. 당신이 좋아하는 음악에 딱 춤추고
싶은 당신의 '꿈땅'에게 춤추고 싶다는 의지를 보여주라. 불꽃 까베
를 날려 상대방의 춤추고 싶은 욕구를 끌어내라. 그랬는데도 안 되
면 쿨하게 단념하고 보내주라.

마지막으로, 춤추고자 하는 욕구는 특정 밀롱가, 특정 분위기,
특정 음악이라는 맥락에서 나온다는 것이다. 따라서 그 특정 맥락
에서 '까베'가 이루어졌고 즐겁게 춤췄다고 해서 그 다음번의 까베
가 확보되지는 않는다는 사실이다. (이런 불안정성이 불안 정서를
자극할 수도 있겠으나, 별로 걱정할 수준까지는 가지 않을 듯하다.)
《Tangofulness》에서 인용한 마스터 땅게라 모랄레스Marisol Morales
의 말을 재인용한다. "까베세오가 '나는 당신과 춤추기를 원한다'
를 뜻해서는 안 된다. '나는 당신과 지금, 여기에서 춤추기를 원한
다. (더욱 좋게는) 우리는 지금, 여기에서 함께 춤추기를 원하는데,

우리 서로가 이 음악이 나오는 동안 우리가 찾는 것을 서로에게 줄 수 있다고 믿기 때문에 그렇다'를 의미해야 한다."[6]

---

6   원문 A Cabeseo shoudn't mean 'I want to dance with you', It should mean 'I want to dance with you, here, now,.... (even better) We want to dance together, here, now, because we believe we can offer each other what we are looking for at this moment, during this song.'

36
그대는 탱고 파트너 혹은
탱고 소울메이트가 있는가

탱고는 배타성의 경계가 아주 넓지는 않지만, 너무 좁지도 않은 멀티 파트너십의 세계라고 했다. 그럼에도 상당수 이들은 그 경계를 더욱 좁히고 좁힌 결과 단 한 명의 '탱고 파트너'를 꿈꾼다. 탱고 파트너와 의미가 상당히 겹치긴 하겠지만, '탱고 소울메이트'에 대한 소망도 있을 터이다. 그대는 탱고 파트너 혹은 탱고 소울메이트가 있는가? 파트너십에 대해 먼저 논하고, 그런 다음 소울메이트에 대한 논의로 이어간다.

먼저, 파트너십의 문제. 파트너는 탱고 테크닉의 상호 발전과 안정적인 탱고 생활을 위해 필요한 존재로 인식된다(파트너가 '부부' 혹은 '연인' 관계일 수도 있으나, 여기서는 논외로 한다). 직업적 혹은 준직업적 탱고 춤꾼으로 경력을 쌓고자 할 경우에는 꼭 필요하고, 그게 아니더라도 대회 혹은 공연을 준비하는 입장이라면 일시적 프로젝트형 파트너가 필요할 것이다. 한편 밀롱가에서만 탱고를 즐기는 '순수 밀롱게로' 입장이라면, 고정 파트너가 필요하지 않을 것이고, 오히려 고정 파트너의 존재 자체를 거부할 듯도 하다. 각자의 입장을 취해서 그에 따라 하면 될 뿐이고, 이 문제에 정답은 없다. 여기서 다뤄보고자 하는 것은 밀롱가 생활에서 고정 파트너십의 득과 실이다.

수업 및 쁘락에서 파트너의 존재는 당연히 도움이 될 것이며, 밀롱가에서도 이러한 장점은 이어진다. 안정적인 파트너십을 바탕으로 기본적인 딴다를 소화하고, 다른 여러 파트너에 대한 탐색을 이어간다는 측면에서 그렇다. 한편, 고정 파트너십의 공개는 해당 파트너십을 이룬 둘 모두에게 다소간의 피해를 줄 수 있다. '로'(남자를 말한다: 밀롱게로, 땅게로)에게는 약간의 피해를 주며, '라'(여자를 말한다: 밀롱게라, 땅게라)에게는 그보다 좀 더한 피해를 주는 것으로 보인다. 왜일까? 고정 파트너십의 존재는 다른 밀롱게로들이 그/그녀에게 접근하는 데 장애물을 만들 수 있기 때문이다. 로에게 피해가 덜한 것은 현실적으로 로가 좀 더 적극적으로 까베에 나서서 다른 라에게 신청하기 때문인데(이었는데), 요즘은 로/라의 차이가 둔화하기는 했다. 그래서 일부 땅게로스들은 '현명한' 선택을 한다. 그들의 파트너십을 공연히 과시하지 않으며, 밀롱가에서 자기 파트너를 '방치'하는 선택을 하여 다른 춤꾼들과 춤출 기회를 확대하도록 서로 배려하는 것이다. 그래서 아예 파트너십 관계를 되도록 숨기는 경우도 있다. 일종의 '히든hidden 파트너십'이다. 수업이나 쁘락은 파트너를 같이할지언정 밀롱가에서는 '분리' 전략을 펼치는 것이다. 테이블도 따로 앉으며, 춤도 1~2 딴다 정도로 자제한다. 안정적이고 장기적인 '히든 파트너십'이라면 한 밀롱가에서 몰아서 춤을 출 필요가 없다. 그동안 서로 춤을 많이 춰왔을 것이며, 함께할 다음 밀롱가가 또 기다리고 있을 테니 말이다. 나라도 이러한 선택을 할 것 같다. 과시용이 아니라면 무슨 득이 있어 자기 파트너를 공개한단 말인가(따져보면 득이 없지는 않다. 밀롱가 테이블 예약, 전후 식사 등).

다음은 '탱고 소울메이트'. 소울메이트는 '남녀' 간으로 한정되지 않으며, 영혼의 동반자 또는 아주 깊은 수준에서 마음이 통하는 사이로 정의할 수 있을 터이다. 그렇다면 탱고 소울메이트가 탱고 파트너보다는 더 의미 깊은 관계로 볼 수 있고, 외형적으로 탱고 파트너로 발현될 수도 있고 아닐 수도 있다. 동성 간의 소울메이트 관계가 성립하면 파트너 관계로 외형화되지 않는다(동성 간 리더-팔로워 관계는 예외다). 그렇다면 네 가지 유형이 성립한다. ① 탱고 소울메이트이면서 탱고 파트너 관계, ② 탱고 소울메이트이지만 탱고 파트너는 아닌 관계, ③ 탱고 소울메이트는 아니지만, 탱고 파트너(프로젝트 파트너 관계 포함) 관계, ④ 탱고 소울메이트도 없고 탱고 파트너도 없는 사람들. 그대는 어느 유형에 속해 있는가. 어느 유형에 속하기를 원하는가. ④에 해당하는 경우여서 이 질문이 좀 슬프게 느껴지는가. 그럴 필요는 없다. 아마도 대부분 ④에 해당할 것이고, 파트너나 소울메이트가 없더라도 기죽을 필요는 없기 때문이다. 탱고 외의 일반 생활에서도 소울메이트 없이 잘살고 있는데, 탱고에서도 소울메이트 없이 탱고를 즐기기에는 별문제 없다.

그렇더라도 한번 자신과 주위를 돌아보자. 탱고는 소울메이트를 찾기 매우 유리한 환경이다. 탱고를 즐기고 있다는 것만으로 우리는 소수의 장벽을 통과했다. 어느 악단을 좋아하는지 확인해보자. 예컨대, 뜨로일로-뜨로일로, 딴뚜리-딴뚜리로 통했다면 가능성은 매우 커진다. 춤이 잘 맞았다면, 서로가 행복감을 선사했다면 그 가능성은 하늘을 찌를 기세로 치솟는다. 한두 번의 춤으로 소울메이트가 되는 법은 없을 테지만 말이다.

37
풀딴, "여기 있어 황홀하다"

풀딴full tanda('밀롱가의 모든 딴다를 춘다'는 뜻)의 조건은 무엇일까. 여러 가지 조건이 있겠지만, 다음과 같이 추려볼 수 있다. 제1 조건은 체력. 사실 이것은 별문제 안 된다. 제2 조건은 음악. 춤추고 싶은 음악이 연달아 나와줘야 한다. 물론 여기에는 땅게로스의 주관적 조건이 더해진다. 음악적 편식이 심하면 안 된다. 예컨대 뿌글리에세가 좋다고 도나또를 안 좋아하는 식이라면 풀딴 도전은 어렵다. 제3 조건은 모든 장르, 즉 느린 곡이든 빠른 곡이든 모두 소화할 수 있는 전천후 능력이다. 제4 조건은 모든 딴다 까베를 성사시킬 수 있는 네트워크. 나의 경우 위의 조건을 다 갖춰 풀딴에 도전한다는 게 언감생심 꿈꾸지 못할 일이지만, 오늘은 적어도 제2의 조건, 즉 음악은 충족되었다고 느껴졌다.

　매 딴다가 춤추고 싶어 들썩거리게 하는 딴다들이었다. 라우렌스 발스와 딴뚜리 인스뜨루멘딸로 밀롱가 초반의 피크를 찍은 이후, 너무 일찍 달아오른 건 아닌가 싶은 밀롱가의 에너지는 살짝 하향 조정을 거쳐 일정 수준을 계속 유지했다. '딥'한 깔로와 '리드미컬' 디살리. 깔로가 이렇게나 뿌글스러울 정도의 깊고 어두운 면모를 가지고 있었나 싶을 정도였는데 좋았다. 2차 피크는 다리엔소-에차구에와 뿌글리에세-인스뜨루멘딸, 그리고 밀롱가로 이어지는 흐름이었다. 여기서 밀롱가는 누구에게도 귀에 익었음직한 악단 중 하나였을 것이다. 이때쯤이면 사실 얻을 만큼 다 얻었다. 그렇더라도 여름날의 뜨거운 태양은 가을까지도 그 잔열을 이어간다. 진정한 아름다움은 정염이 벗겨지고 애착이 깊이 새겨지는 밀롱가 후반인지도 모른다. 뿌글리에세와 다리엔소가 훑고 지나간 자리를 누가 이어서 받쳐줄 것인가. 걱정할 것 없다. 거기엔 피오렌띠노와 뽀데스따가 있을 터이니 말이다. 과연 그랬다. 끝까지 밀롱가를 지킨 이들에게만 선사된 막딴의 디살리-뽀데스따 마지막 곡에서 소름이 돋았다. 파트너 때문만은 아니었다. 그건 음악이었다.

사실 풀딴 도전은 무모하다. 그럴 필요가 없다. 내가 그 밀롱가에 속해 있다는 느낌과 춤추고 싶은 좋은 음악이 연달아 나온다면, 설령 몇몇 딴다를 춤추지 않고 지켜보더라도 충분히 행복하다. 그것이 내게는 풀딴이다.

오늘 나는 여기 속해 있었고, 그래서 풀딴이었다.

라이너 마리아 릴케의 시구처럼 "여기 있어 황홀하다".[7]

– 밀롱가 리뷰: 2022.6.19. 밀롱가 알레그레, 장소: 오나다

---

7 《여기 있어 황홀하다》(마리 다리외세크, 임명주 옮김, 에포크, 2020)에서 재인용.

나의 탱고 스토리(3): 멀티 파트너십, 그 편린들

탱고는 멀티 파트너십의 세계라 했다. 10여 년간 쌓아온 내력이 만만찮고, 어떨 때는 그 좋았던 춤의 기억들끼리 경합을 벌이는 시간이 오기도 한다. 한 번의 춤만으로 화인火印 같은 인상을 남기기도 하고, 정말 오래도록 남김없이 춘 일도 있다. 그 각각이 소중한 인연이긴 하나, 탱고에서 멀티 파트너십의 세계란 "각각에 대한 멜랑콜리는 되도록 지우고, 전체로서의 로맨스는 살려간다"는 것이다. 그리고 이러한 세계가 펼쳐지는 공간이 밀롱가이며, 그 공유되는 축은 열정, 미소, 친절, 성장, 아브라소, 리드미컬한 동작들, 좋은 향기, 멋진 색깔, 아름다운 음악이다. '좋은 춤', '멋진 춤', '자유로운 춤', '아름다운 춤'이다.

1. 열정이라면 그였다. "어디까지 절 데려가실 건가요?"라고 내게 물었다. 가끔은 그 열정의 무게가 버겁기도 했으나, 오래도록 남김없이 추었다. 남김없이, 미련 없이.

2. 마스크를 쓴 그가 저벅저벅 내게 다가온다. 오나다에서 춤췄다면서 인사한다. 그게 몇 년이 지났는데, 많이 가지도 못한 오나다지만, 인연은 그렇게 이어지는구나. 춤은 여전히 좋구나.

3. "깔로 이어 추기". 두 곡밖에 못 추고 밀롱가를 나서야 했던 아쉬움을 만회하려는 듯, 다음 밀롱가에서 까베 하려는 즈음에 깔로가 나온다. 냉큼 까베 한다. 그날 밤 〈깔로 이어 추기〉

라는 시를 지었다.

4. 런던에서 만난 인연이다. 'Zero Hour' 탱고클럽에서의 첫 조우. 그가 선사해준 오초 꼬르따도의 감흥을 난 아직 잊지 못한다. 그에게서 10년 뒤에 "낯선 곳에서 처음 만나는 이에게도 따스한 미소부터 보일 수 있는 분"이라는 칭찬을 받았다.

5. 초급부터 날개를 달고 날아오를 때까지 그와 춤추고 그를 지켜봤다. 날개에 상처를 입고 잠시 지상에 머물러있을 때도, 그 상처가 아물어 다시 비상하려 할 때도.

6. 유난히도 컸던 그의 심장 소리를 들었고, 나의 심장도 두그두그 뛰었다. 심장 소리도 공조하는 것인지 그의 심장 소리에 맞춰 나의 심장 소리도 커지는 경험. 명치끝을 중심으로 완벽한 콘택트가 되어 있었다. 다고스띠노.

7. 음악이 막힘없이 흐르는 느낌. 몇 번의 고요함. 그러나 춤은 이것이 전부가 아니다. 그의 몸이 때때로 툭툭 가로막는다. 이것이 춤춘다는 것의 기쁨.

8. 어느 순간 가슴에서 분홍색이 번져가는 느낌이 왔다. 벚꽃이 번져가는 느낌. 그냥 즐거웠던 춤에서 아스라한 춤으로 전환되었던 순간.

9. 북적거리는 밀롱가에서 모든 색깔 위로 떠오른 적홍색. 색깔 하나로 단박에 마음이 사로잡히는 것도 가능하다. 사로잡힌 색깔은 사로잡힌 춤으로 이어진다.

10. 키가 커서 구사할 수 있을법한 '왼손의 마력'. 내 척추선에 맞닿아 있는 그의 왼손이 나를 끌어당기는 느낌. "네 손이 내 등짝에 붙는 순간 찌릿 불이 들어왔다. … 척추선에 닿은 네 손가락은 내 마음마저 들킬 듯하다"라는 시구가 만들어진다.

11. 그와의 첫 만남이 상쾌했다. 닉네임을 두고 벌어진 대화. 아메리카노가 있다면 카푸치노든 라떼든 왜 없겠느냐는 대화와 화안한 웃음. 그 상쾌한 대화와 좋은 예감은 아주 가끔만 조우할 뿐이지만, 이후의 시간들에서도 계속 이어진다.

12. 깔로를 함께 연주했다. 또르르르 굴러가는 피아노 엔딩 소리에 살포시 중심을 내려놓으며 마무리 짓는다. 그러고는 오래 묵어가는 친구가 되어간다.

13. 탱고를 참참참 사랑하여 비상을 꿈꾸지만, 그의 발목을 잡고 있는 것들이 만만찮다. 그가 어떤 선택을 하더라도 응원하리라 마음먹는다. 그는 감각적인 파싸다의 느낌을 주는 이였다. 한 번에 넘어오지 않고 뒤로 한번 뺐다가 넘어오든, 내 종아리 옆을 툭툭툭 빠르게 세 번 치고 넘어온다. 이것이 탱고라는 감탄을 자아낸다. 그는 그가 꿈꾸었던 아르헨티나로 건너갔고, 그곳에서 타계했다.

14. 더 깊게 아브라소를 해줄 수 없느냐고 했다. 처음 받은 요청이라 당황했다. 아브라소의 깊이에 따라 춤의 에너지가 달라질 수 있음을 알게 해주었다. 깊이를 1센티미터, 2센티미터 깊게 가져가는 것이 쉬운 여정은 아니었다. 단박에 달성하든 시간이 걸리든 그 여정은 반드시 가야 할 길이다.

15. 날카로워야 했다. 더 날이 서 있어야 했다. 탱고는 기쁨에도, 슬픔에도 더 단단히 깨어있어야 한다는 것. 그래서 우리는 슬픔까지도 벼려내는 탱고(발스나 밀롱가가 아닌)를 먼저 추어야 했다.

16. 닿을 듯 말 듯한 그가, 이번 밀롱가 때는 딱 맞아떨어지는 느낌으로 왔다. 임계점을 넘는 순간이 온다. 그도 나도 성장해

온 것이다.

17. 그는 마치 표정으로 춤추는 듯했다. 표정으로 추는 이가 아브라소라고 훌륭하지 않을쏘냐 싶게 완벽한 클로즈드 아브라소(closed abrazo).

18. 샤넬 알뤼르. 1센티미터 앞에서야 은은하게 맡아지는 향기. "혹시 무슨 향수 쓰세요?" 대답하기 전에 "좋으냐, 안 좋으냐"고 물어본다. "좋아서 물어보는 것"이라 했다. 철학적인 질문을 나 자신에게 던지고 답한다. 이 인공적인 향기가 그를 구성하는 것인가 아닌가. 당연히 구성하는 것이다.

19. 3개월째 보지 못한 그를 위해 시를 썼다. 둥근 볼 주변에 툭툭 터져나가던 수줍음이 내 볼에도 전해오던 그였다. 그는 어디로 간 것일까. 그는 그 이후로도 계속 실종 상태다. 그러나 나의 시에 고이 모셔놓았다. 막상 그 시의 주인공은 읽지도 못한 시다.

20. 뜨로일로의 밀롱가 딴다. 이 화려한 변주의 리듬이야말로 언젠가는 제대로 춤춰야 한다. 밀롱게로라면 그렇게 꿈꿔야 한다. 그와 이 딴다에 맞닥뜨린다. 나름 훌륭하다는 자기칭찬 속에서도 좀 허겁지겁한 느낌이 없지 않다. 언젠가는 제대로 춤춰야 하는 여정에 그도, 또 다른 누구도 함께할 수 있으리라.

〈퍼시픽 탱고 챔피언십 2022〉

〈구우: 크로스의 순간〉

제4부

탱고 음악:
탱고
오케스트라의
세계

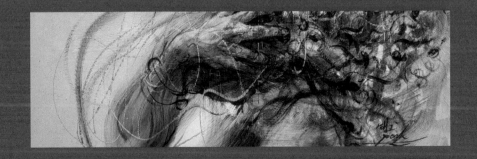

〈뜨로일로 오케스트라: 앞줄 오른쪽에 두 번째, 반도네온을 연주하는 이가 뜨로일로〉

38

탱고 음악의 구조와 형식:
구조, 템포, 비트, 리듬, 멜로디, 가사

구조structure

전형적인 탱고 음악은 5~6개의 섹션으로 구성되어 있다. 하나의 섹션은 보통 4개 프레이즈로, 하나의 프레이즈는 8개 비트 혹은 8개 걸음으로 이루어진다(각 마디는 강약강약 4박자로 이루어지며 2개의 강박자가 워킹 비트다. 이를 4개 카운트로 셈하기도 한다). 5개 섹션을 기준으로 하면, 탱고 한 곡은 20개 프레이즈, 160개 비트로 이루어져 있다. 6개 섹션의 경우는 24개 프레이즈, 192개 비트다. 이것이 일반적인 구조이고, 이를 기본으로 하여 조금씩 변형된 형태들이 있다.

●○●○ ●○●○ ●○●○ ●○●○ = 1 프레이즈(8비트 = 8걸음)

*7~8초 소요

●○●○ ●○●○ ●○●○ ●○●○ ●○●○ ●○●○ ●○●○
●○●○
●○●○ ●○●○ ●○●○ ●○●○ ●○●○ ●○●○ ●○●○
●○●○
= 1 theme(섹션, 32비트) *28~32초 소요(약 30초)

섹션의 구조는 몇 개의 구조로 유형화된다. (이를 구분 짓는 것 자체가 꼭 필요한 것은 아니다. 동작을 언제 멈추고 언제 다시 시작할지를 알아야 한다는 의미에서 섹션이 오가는 것을 체감적으로 느끼기만 하면 된다.)

◎ A-B-A-B-A 5개 섹션: 가장 단순한 구조로 AB 세트가 두 번 반복되고 마지막으로 A가 반복되는 구조다(*Patotero, Una Emoción, Bahía Blanca, Pensalo Bien*). 가수가 있는 경우 보통 두 번째 AB 세트에서 보컬이 나오고, 마지막 A에서 클라이맥스로 치닫고(바리아시온) 나서 곡이 마무리된다.

* 변형 A-B-A-C-A: B2 자리에 C가 온다(*Marejada*).

* 변형 A-B-A-B-B: 마지막 섹션에 A가 아닌 B의 변주가 연주된다(*Todo*).

* 변형 A-B(2 프레이즈)-A(8 프레이즈)-B(2 프레이즈)-A(8 프레이즈): B가 2 프레이즈짜리 짧은 섹션으로 구성되고, 두 번째와 세 번째 A가 8 프레이즈짜리 긴 섹션으로 구성된다(*Poema*).

◎ A-B-A-B-A-B 6개 섹션: AB 세트가 세 번 반복된다(*Griseta*).

◎ A-B-C-B-A 5개 섹션: ABC로 진행하다가 다시 BA로 되돌아가는 형국이다(*El Acomodo*).

◎ A-B-C-A-B-C(2 프레이즈) 6개 섹션: ABC 세트가 두 번 반복된다. 마지막 C는 짧은 섹션으로 끝난다(*Cachirulo*).

◎ A-B-C-D-A 5개 섹션: ABCD로 진행하다가 A로 돌아와 끝난

다(*El jagüel*).

정리하면, 탱고는 5~6개의 섹션, 160~192개 비트로 이루어진 짧은 서정시 혹은 드라마다. 구조는 단순하게 유형화되지만, 그 안에 구성되는 리듬 패턴과 멜로디 특징들에 따라 다양한 특징과 매력을 발한다.

템포tempo

곡의 빠르기, 즉 템포는 곡의 기본적인 성격을 규정할 정도로 지배적인 특징이다. 곡의 템포를 늘이고 줄이는 것에 따라 곡의 느낌이 바뀌기도 할 정도다.

곡의 빠르기는 분당 비트 수로 카운트한다. 위에 설명한 구조에서 보면 5개 섹션 한 곡이 160개 비트인데, 2분 30초 곡은 150초 안에 160개 비트를 소화해야 하므로 분당(60초) 비트 수는 64가 된다. 64면 중간 템포에 해당한다. 6개 섹션 3분 20초짜리 곡이라면 200초 안에 192개 비트를 소화하므로 비트 수는 58비트가 된다. 이는 느린 템포에 해당한다. 그런데 실제로는 섹션과 섹션 사이 공백이 있거나(빠우사), 장식음 혹은 연결음이 있거나, 특정 부분에서 템포가 늘어지는 경우들이 있으므로 곡의 길이는 위 공식보다는 좀 더 길 것이다. 보통의 탱고 곡은 60~70비트 사이에 있고, 빠른 발스와 밀롱가는 70비트를 넘어선다. 밀롱가 곡은 90까지도 간다.

◎ 탱고 곡: *Bahía Blanca* 60(느린 탱고), *Pocas Palabras* 67(빠른 탱고)

◎ 발스 곡: *Temo* 72(중템포의 발스), *Viejo Porton* 77(빠른 발스)
◎ 밀롱가 곡: *Ella Es Asi* 90(다소 빠른 밀롱가)

비트beat

비트는 모든 춤곡에서의 핵심요소다. 모든 음악은 비트 혹은 박을 기준으로 전개되지만, 춤곡에서는 비트가 밖으로 분명히 표현되어야 한다. 탱고 음악의 비트는 걷는 스텝으로 구현해야 하므로 더욱 분명히 표현되어야 한다. 비트가 사라지면 춤곡으로서의 생명도 사라진다. 곡의 전개에 따라 비트가 뒤로 숨는 경우도 있다. 8개 비트가 하나의 프레이즈를 구성하는데, 여덟 번째 비트가 뒤로 숨을 때는 스텝을 멈추고 호흡을 가다듬는다(빠우사).

리듬/리드미컬rythm/rythmical

리듬이란 무엇인가. 다들 알고 있어서 정의가 필요 없을지도 모른다. 나름 정의하자면, 리듬은 비트들 간의 관계 패턴이다(강약과 장단). 강-약-(중)강-약의 흐름으로 가면 탱고 리듬이다. 강-약-약이면 발스 리듬이다. 강-약 강-약으로 짧게 끊어서 가면 밀롱가 리듬이다. 리듬은 한 곡 전체를 떠받치는 기둥 같은 존재다. 기본 리듬 구조 안에서 변화를 주어 악단만의 고유한 리듬감을 창조한다.

그렇다면 어떠할 때 '리드미컬'이라 하는가. 리듬이 두드러질 때(멜로디와 비교해서) '리드미컬'이라고 부른다. 탱고에서 자주 쓰이는 싱코페이션(당김음)은 비트들 간의 간격을 조정함으로써 곡에 긴장을 부여하므로 '리드미컬'하다. 강한 비트를 연속적으로 끊어 치듯 강조하는 것은 스타카토에 해당하는데, 이 역시 '리드미컬'하다. 비트와 비트를 쪼개서 세분화하는 것 역시 새로운 리듬감을 창

조하므로 '리드미컬'하다. 그리고 빠른 템포도 '리드미컬'한 효과를
부여한다. 같은 음표 배열이라도 느리게 연주하면 '리드미컬'한 효
과는 나타나지 않는다. 싱코페이션, 스타카토를 애용하면서 빠른
템포를 보여주는 다리엔소, 비아지, 딴뚜리, 뜨로일로의 곡들은 '리
드미컬'한 곡들이며, 그런 '리드미컬'한 곡들이 지배적인 악단은 리
드미컬 악단으로 분류된다.

멜로디/멜로딕melody/melodic

멜로디란 무엇인가. 멜로디는 음표들 간의 관계이며, 길고 짧게 혹
은 높고 낮게 이어지는 음들의 흐름이다. 리듬의 강약 비트와 멜로
디 흐름의 특정 음표가 서로 대응하면서 한 곡이 연주되고 흘러간
다. 멜로디는 음악의 주인공이다. 리듬만으로는 불러일으키기 어려
운 정서적 효과를 발생시킨다.

　　그렇다면 우리는 음악 흐름의 어느 지점을 '멜로딕'하다고 부
르는가. 강약 비트의 리듬이 숨어있을 때, 작게 들릴 때, 멜로디 선
율이 상대적으로 잘 들릴 때, 그 멜로디가 너무나 아름다워서 귀에
꽂힐 때, 우리는 그때를 '멜로딕'하다고 부른다. 대표적으로 디살리
의 곡들이 그러하다. 리드미컬하면서 멜로딕한 파트도 있다. 탱고
곡에는 이러한 경우가 많다. 춤곡으로서의 탱고 곡은 기본적으로
리듬을 품고 있으면서 멜로디 라인의 강세에 따라 '멜로딕'한 곡이
되기도 하고 '리드미컬'한 곡이 되기도 한다. 멜로딕/리드미컬 중 어
디에 분류해야 할지 까다로운 곡들이 많다(다고스띠노-바르가스,
딴뚜리-까스띠조). 그리고 한 곡 내에서도 멜로딕 파트가 있고, 리
드미컬 파트가 있으며, 그 파트들이 수시로 전환된다(뜨로일로).

가사/가사가 있는(서정적인)lyric/lyrical

템포+리듬+멜로디 위에 가사가 붙을 수도 있고(깐따canta: 가수가 노래를 부른 곡을 말한다), 붙지 않을 수도 있다(인스뜨루멘딸instrumental: 기악곡을 말한다). 가사가 붙은 곡은 가사의 내용이 어떤 특정한 감정/정서를 불러일으키므로 '서정적'이다(그것이 '오페라'처럼 장시간의 드라마 장르가 아닌 다음에야 '서사적'일 리 없으리라). 그렇다고 가사가 없는 인스뜨루멘딸 곡이라 해서 '서정적'이지 않은 것은 아닐 테다. 그러나 일반적으로 가사는 서정성을 강화하는 효과가 있다. 그런데 이런 서정성 여부를 떠나 인스뜨루멘딸 곡과 깐따 곡은 그 나름의 장점과 특징을 보유한다고 할 것이다. 인스뜨루멘딸은 기악 연주만으로 감정을 전달하는 특징이 있어 좀 더 담백할 수 있고, 악기별 연주에 더 집중하게 한다. 가사가 있는 곡은 가수의 음색 효과 및 가사 내용 등으로 인해 특정한 사상, 감정, 정서를 전달하기 좋다. 하지만 곡과 가사의 불일치, 가사 내용의 적절하지 못한 표현 등으로 예술적 감동을 떨어뜨릴 수도 있다. 담백하지 못하고 뭔가 너저분한 느낌을 받을 수도 있다.

영국의 탱고 음악 평론가 라보카Michael Lavocah는 춤곡의 네 가지 요소로 비트, 리듬, 멜로디, 가사를 들었다. 탱고 음악에 맞춰 추는 것은 그 네 가지 층위에 맞춰 추는 것이다(Michael Lavocah, 《Tango Stories: Musical Secerets》). 즉 "비트에 맞춰 춤추고, 리듬에 맞춰 춤추고, 멜로디에 맞춰 춤추고, 가사에 맞춰 춤추기". 우리는 이렇게 추고 있는가.

〈탱고 음악 악보: Uno 부분〉

39
탱고 오케스트라의 구성: 악기와 가수

▶ **오케스트라 구성**

전통적 탱고 악단Orchesta Típica은 10중주 악단, 즉 피아노 1대+반
도네온 4대+바이올린 4대+콘트라베이스 1대로 구성된다(오르께
스따 띠삐까는 6인조에서 시작하여 10인조 악단으로 발전해왔다).
반도네온, 바이올린, 피아노, 콘트라베이스가 기본 구성이고, 그 외
에 트럼펫, 클라리넷, 하프, 첼로, 아코디언 등의 악기들이 추가되
어 악단별로 고유한 색깔을 추가로 입힌다.

기본 워킹 비트를 담당하는 악기가 있고(콘트라베이스, 반도
네온, 피아노 등), 리듬을 연주하는 악기가 있고(피아노, 반도네온,
바이올린), 멜로디를 연주하는 악기도 있다(피아노, 반도네온 등).
반도네온, 피아노, 바이올린은 멜로디 파트와 리듬 파트를 다 연주
하는 악기들이고, 콘트라베이스는 리듬 파트 중에서 기본 비트를
연주한다.

가수들은 또 하나의 악기다. 고유의 목소리를 가지고 있다
는 점에서 대체할 수 없는 자원이기도 하다. 악기들의 배합(그리고
가수들과의 결합)이 악단들의 정체성과 표정을 결정짓는다. 가수
가 있는 곡을 '깐따'canta라고 하고, 가수가 없는 곡을 '인스뜨루멘
딸'instrumental이라 구분하는데, 그 각각의 특징은 앞에서 살펴보았

다. 가수는 악단 및 특정 곡에서의 비중에 따라 하나의 악기로 오케스트라에 녹아 들어가기도 하고, 오케스트라 전체와 대등한 입장에서 곡 전체를 지배적으로 끌어가는 역할도 한다. 하지만 적어도 우리가 탐구하는 대상인 탱고 댄스 음악과 황금기 탱고 댄스 오케스트라 기준에서는 가수가 오케스트라를 넘어서는 예는 없다. 악단마다 아이콘이 되는 가수들이 있다. 다리엔소-에차구에, 디살리-루피노, 다고스띠노-바르가스, 뜨로일로-피오렌띠노 등이 그러하다.

악단을 그 악단이게끔 하는 시그니처 사운드는 악단 특유의 리듬에서도 오고, 워킹 비트의 힘에서도 오며, 특유의 색깔과 톤을 가지는 악기 및 가수들의 운용에서도 온다. "비트/리듬/멜로디/템포(+가사) 간의 다이내믹dynamic이 악단 및 곡의 기본 성격을 규정"하고, "악기의 톤과 보컬의 개인적인 특징들이 그 악단 및 곡의 마지막 색깔을 결정"한다.

▶ 필수 악기들

반도네온

반도네온은 '탱고 음악의 영혼soul'이라 불린다. 그 소리는 오묘하며 범위가 넓다. 파이프오르간 같은 깊이 울리는 소리와 바이올린 같은 선율을 동시에 낼 수 있으며, 강력한 스타카토로 비트감을 최고조로 올리기도 하고, 전자음 같은 특유의 소리는 몽환의 세계로 이끈다. 현란한 바리아시온variación이라는 특허된 영역이 있고, 애절함을 강조하는 측면에서도 우월한 수단이 된다. '떨리는 반도네온'은 "결정적 국면을 맞이한 연인의 운명을 대변"한다. 탱고에서 전천후로 활용되는 반도네온은 탱고 음악을 탱고 음악이게끔 하는 규정적definitive 악기다. 그러한 의미에서 탱고 음악의 영혼이다.

바이올린

바이올린은 주로 아름다운 선율을 담당하는 악기이지만, 반도네온이나 피아노가 선율을 담당하면 그 뒤를 받쳐주는 역할을 한다. 콘트라베이스, 반도네온과 협연하며, 파워풀한 비트를 창출한다. 저음 바이올린은 음악적 자아의 진지한 내부를 드러내며(다리엔소), 하이피치로 치솟는 연주에서는 고결하고도 애절한 심경을 대변한다(디살리, 살라망까 등). 비브라토 주법을 활용하는 '우는 듯한'lamenting연주에서도 지나치게 감상으로 치닫지 않고 애써 절제된 슬픔을 보여준다(뜨로일로, 라우렌스). 바이올린은 다른 오케스트라 및 앙상블 악단들에서와 마찬가지로 탱고 악단에서도 필수 요소다.

피아노

피아노는 경쾌한 마음을 나타내는 동시에 격정적인 마음도 대변한다. 리듬 파트도 되고, 멜로디 파트도 되며, 장식음의 영역도 차지한다. 프레이즈와 프레이즈를 건네주는 역할도 하고, '지연된 엔딩 delayed ending' 파트를 담당하여 '떠나보내고 싶지 않은 마음'을 표현하기도 한다(딴뚜리, 깔로). '운명의 징검다리를 건너는 격정적인 모습'을 보여주고(비아지 솔로), '멀리 있는 사랑을 향해 보내는 손편지'이기도 하다(데마레). 바이올린과 함께 피아노 역시 다른 악단들에서와 마찬가지로 탱고 악단에서 필수 요소다.

콘트라베이스

콘트라베이스는 단독으로는 잘 들리지 않는다. 반도네온, 바이올린과 협연unison으로 연주할 때가 많으므로 그럴 수밖에 없다. 그러나 귀 기울여 들으면 '둥 둥' 하고 들려온다. 심장을 쿵쿵 울려주는 소리다. 한 번씩 활공bowing으로 묵직하게 들려오는 콘트라베이스 소리(뿌글리에세, *Malandranca*)는 귀한 만큼 짜릿하다. 잘 들리지 않는 경우라도 콘트라베이스는 항상 거기, 저기 뒤 또는 밑에 있다. 항상 기본 워킹 비트를 책임지고 있으며, 화성을 이루는 배음으로서도 항상 존재한다. 콘트라베이스 없이 탱고 음악은 성립하지 않는다.

▶ 그 밖의 악기들

트럼펫

까나로의 특허 악기다. 숲속에 들이치는 햇빛처럼 까나로의 트럼펫은 청량하면서 두툼하다. 가히 까나로 악단의 '영혼'이라 할 만한 트럼펫의 진가는 탱고에서든 밀롱가에서든 결정적 국면에서 빛을 발한다.

클라리넷

로무또에서의 그 클라리넷이다. 나는 로무또 밖에서 클라리넷이 이런 따뜻한 소리를 내는지 듣지 못했다.

하프

프레세도의 맑음과 달콤함을 책임지는 악기다.

피아노 아코디언

도나또의 경쾌한 연주를 뒷받침한다. 반도네온이 다소 무겁다면 아
코디언은 가볍다. 그러나 그 가벼움 속에서도 애잔함은 있다.

〈탱고 앙상블 멜수르 lead by 카렌〉

40
탱고 황금기 주요 악단과 스타일

황금기

탱고 음악('탱고 댄스 음악'이라 함이 더 적합) 황금기golden ages
는 1930~1950년대에 걸쳐 있는데, 탱고 연구자별로 구체적인 연
도 지정이 다르다. 국립탱고아카데미Academia Nacional del Tango가
1935~1955년으로 설명하고 있으므로 정설로 봐야 할 것이다. 탱고
황금기 중에도 1940년대를 '황금의 10년'golden decade이라 지칭한다.
라보카Michael Lavocah는 1935~1944년의 10년간을 '황금의 10년'이라
고 주장한다. 시작점은 대체로 일치한다. 다리엔소 악단이 본격적
으로 활동한 1935년부터 탱고 황금기가 시작된다는 것이다. 1935년
은 까를로스 가르델이 사망한 해로, 그로 대표되는 탱고 깐시온의
시기가 지나고 다리엔소가 대표하는 하드 비트의 탱고 춤곡 시대
가 시작하는 '상징성'이 있다. 1935년 이전 시기를 '초기 황금기'로
지칭하는 견해가 있다(Stephen Brown). 1920년대 후반부터 1930년
대 전반기에 걸친 시대로, 까나로가 그 시기를 대표한다고 볼 수 있
다. 탱고 황금기의 종결 시점에 대한 견해는 다양하다. 앞서 1955년
이 정설이라 했는데, 이는 그해에 발생한 군사쿠네타 이후 정치
적·사회적 분위기가 급변하면서 탱고가 급격하게 퇴조하는 계기
가 되기 때문이다. 춤곡 시대의 전성기가 지나던 시기, 갑작스러운

외생적 변수는 한 시대를 종결시키는 힘을 발휘했다. 어쨌든 1930년대 후반부터 1950년대 전반까지 20여 년의 기간은 그 이전에 활동하던 악단과 새로 등장한 악단들이 백가쟁명의 기세로 탱고의 대★부흥기, 이른바 황금기를 구가했다. 현대의 밀롱가에서 흘러나오는 대부분 곡들이 이 황금기의 산물이다. 이 시기의 탱고 곡들을 현대 악단의 곡들 및 연주와 구분 짓는 의미로 '트래디셔널'traditional이라 칭하기도 한다. 정리하면 다음과 같다.

◎ 초기 황금기: 1920년대 후반~1934년
◎ 황금기: 1935~1955년
- 황금의 10년: 1935~1944년(라보카의 견해)
- 황금의 연대: 1940년대(아르헨티나에서의 일반적 견해)

음악 스타일에 따른 악단 분류: 다양한 관점의 견해

음악 스타일로 탱고를 분류하는 방법론으로는 몇 개 유형이 있다.

분류의 원 소스는 찾지 못했지만, 국내에서는 ① 안티구아, ② 뜨란낄로, ③ 모비도, ④ 드라마띠꼬로 분류하는 방법이 널리 알려져 있다.

Tejastango(《www.tejastango.com》)의 브라운Stephen Brown은 ① 올드 가드, ② 초기 황금기, ③ 황금기 하드 리드미컬, ④ 황금기 소프트 리드미컬, ⑤ 황금기 스무스smooth, ⑥ 황금기 리리컬 lyrical, ⑦ 황금기 드라마틱으로 분류[1]한다. 황금기로 한정하여 스

---

1 Old Guard — Orquesta Tipica Victor, Carabelli, Firpo, Lomuto, Fresedo
The tangos of the old guard generally had less complex arrangements and simpler, more naked rhythms in comparison to the tangos played during the golden age and later eras.

타일에 따른 분류로만 보자면 ③~⑦에 해당하는데, ⑤와 ⑥ 구
분의 실익이 크지 않다고 생각한다. 다만 리리컬의 의미가 '가사가
있는/가수가 노래 부르는'이라는 의미로 보자면 1940년대 이후 트

Early Golden Age — De Caro, Donato, Fresedo, Canaro

The early golden-age tangos represent a transition from the old guard to the golden age of tango. They have clear, simple rhythms but show signs of the stronger orchestration and lyricism that characterize golden-age tangos.

Golden Age Harder Rhythmic — D'Arienzo, Biagi, Rodriguez

Harder-rhythmic tangos are characterized by prominent ric-tic, double-time rhythms that seem to insist on milonguero-style dancing. For the tangos in this style that have vocals, the singer stays relatively close to the orchestra's rhythm.

Golden Age Softer Rhythmic — Troilo, Tanturi, Caló, Federico, Laurenz, D'Agostino, Di Sarli

In softer rhythmic tangos, the ric-tic rhythms are present but not prominent, allowing the music to support either milonguero- or salon-style dancing. For the tangos in this style that have vocals, the singer stays relatively close to the orchestra's rhythm.

Golden Age Smooth — Di Sarli, Fresedo, Canaro, Troilo, De Angelis

Smooth tangos are generally instrumental music that lack the ric-tic accents found in the harder and softer rhythmic music and the big crescendos, dramatic pauses and heavier beat of dramatic tango music.

Golden Age Lyrical — Caló, Di Sarli, Troilo, Canaro, Fresedo, Tanturi, Demare, De Angelis

During the golden age, sometimes the singer sang with orchestra, sometimes the orchestra played for the singer. In lyrical tangos, the singer doesn't adhere closely to the orchestra's underlying rhythm, and the overall effect is to emphasize the lyrical nature of the music.

Golden Age Dramatic — De Angelis, Pugliese

Dramatic tangos build on the power of the smooth sound and have more dramatic arrangements with bigger crescendos, often a heavier beat, pauses, and sometimes tempo shifts.

렌드를 반영하는 취지는 유의미하다.

　　나탈리아와 아구스틴Natalia & Agustin의 분류에 따르면(유튜브, Tango Music Intention), ① Innocent Easy Playful (1926~1935), ② Tense Explosive Sharp (1935~1942), ③ Calm Sensitive Soft (1942~1947)의 분류가 있는데, 매우 유의미한 분류라고 생각된다. 하지만 이 분류에는 뿌글리에세의 분류가 모호하다.

　　토마스David Thomas는 ① The Ssimple단순한, ② The Rhythmic 리드미컬한, ③ The Lyrical서정적, ④ The Complex복합적으로 분류한다. ①, ④가 대비되고, ②, ③이 대비된다. 단순화의 우려가 있음에도 악단에 대한 '첫 이해'를 하는 데 유효한 접근이라고 생각하여 나는 이 분류법을 기초로 삼고자 한다. 다만 '첫 이해'를 넘어서면 이들의 분류법은 '온전한 이해'를 하는 데 걸림돌이 될 수도 있다. ②, ③의 대비가 매우 상대적인 개념이고, 악단별로 보자면 연대별로 ②, ③의 경향을 넘나들기 때문이다. ④의 경우에도 뜨로일로와 뿌글리에세는 공통점과 함께 차별성이 강하여 'The Complex'라는 분류만으로는 만족할 수 없기 때문이다.

◎　The Simple: 듣기 쉽고, 예상하기 쉽고, 춤추기 쉬운 음악. 일정한 템포. 적은 카운터 멜로디와 데코레이션.

◎　The Rhythmic: 짧고 날카로운 감각을 불러일으키는 음악. 스타카토 스타일.

◎　The Lyrical: 부드럽고 유려한 음들을 사용하여 부드러운 정서를 불러일으키는 음악. 레가토 스타일.

◎　The Complex: 여러 요소가 복합적으로 구성. 템포의 변화와 함께 많은 카운터 멜로디와 데코레이션. 낯선 귀와 발에는 춤

추기에 도전적.

수렴과 종합: 구조, 정서, 역사를 아우른 접근

탱고의 분류는 구조적·정서적·역사적 접근을 아울러야 하리라 본다. 먼저, 역사적 접근이다. 다른 분야도 마찬가지지만, 탱고를 '전통과 혁신'이라는 틀로 볼 수 있다. 하지만 이 역시 상대적인 개념이다. 까나로는 탱고 음악이 발전한 과정에서 보면 혁신의 아이콘이라 할 만큼 새로운 악기, 테크닉, 가수를 도입한 혁신가였다. 그러나 현재의 분류법에 따르면 까나로는 '트래디셔널', '안티구아', '심플'로 분류된다. 즉, 상대성을 이해해야 한다. 분류법에 따라 악단을 '고정'하지 말아야 한다는 취지다. 두 번째는 음악의 구조적 측면(단순 vs. 복합, 리드미컬 vs. 멜로딕)과 함께 정서적 특징(순수함, 로맨티시즘, 열정 등)을 담아낼 수 있어야 한다. 물론 일반적으로 구조에 정서가 대응하는 성격을 가지지만, 그 상호관계를 이해해야 한다는 말이다.

사실 모든 개별 악단은 이러저러한 분류법에 '부합하거나' '역행하는' 요소들을 함께 가지는 매우 개별적이고 특수한 악단들이다. 개별 악단들에 대한 탐구에서는 분류법을 넘어선 지점까지도 탐구해야 한다. 또한 유의할 것은 악단별로 연대에 따라 성격 변화가 두드러지는 예도 있고(뜨로일로, 딴뚜리 등), 분류에 끼워 맞추기 어려운 악단도 있다(뜨로일로, 도나또). 예를 들어, 나의 견해로 볼 때 뜨로일로는 토마스의 분류법에 따른 ②, ③, ④의 경향을 모두 보이는 매우 독특한 악단이다.

음악의 구조적 측면에서 토마스의 분류가 무난하며, 정서적 특징까지 고려하여 다음과 같이 정리할 수 있다. 다른 분류법에도 일정한 정도로 조응한다고 생각한다.

구조	정서	역사	주요 악단(전성기 때를 기준으로 분류)
Simple	Pure Innocent Warm	Traditional	까나로, 피르뽀, 로무또, OTV, 도나또
Rhythmic	Sharp Explosive	Traditional + Innovative	다리엔소, 비아지, 딴뚜리, 로드리게스, 말레르바
Melodic/ Lyrical	Lyrical Romantic Calm Soft	Traditional + (Innovative)	프레세도, 디살리, 깔로, 데마레, 다고스 띠노, 데안젤리스
Complex	Dramatic, Modern	Innovative	데까로, 라우렌스, 뜨로일로, 뿌글리에세

　여기서 구조적 측면과 정서적 측면이 어느 정도 대응하고 있음을 알 수 있다. 역사적 측면은 단순한 악단The Simple에 대비하여 혁신적인 요소를 얼마나 가지고 있느냐인데, 리드미컬 악단The Rhythmic은 비트의 관점에서는 혁신적이지만, 탱고 본연의 춤추기 좋은 음악을 지향했다는 점에서는 전통을 고수한다. 서정적 악단The Lyrical 역시 구조적 측면에서는 별다른 변화를 꾀하지 않는 가운데 정서적 측면을 강조하여 음악을 변화시켰다는 점에서 기본적으로 전통을 지키되, 어느 정도는 혁신적이었다고 평가할 수 있다. 마지막으로 복합적 악단The Complex은 구조와 정서 모두 혁신적이라 평가할 수 있다.

41
'4대 악단' 혹은 '5대 악단'

▶ 다양한 관점의 견해

탱고 댄스 음악의 황금기를 구가한 여러 오케스트라 가운데에서도 그 시기를 대표하면서 오늘날에도 사랑받는 오케스트라는 어느 악단인가? 아르헨티나를 비롯하여 세계 탱고계 내에서 합의된 사항이 있는가? 이는 탱고를 바라보는 관점, 선호하는 스타일에 따라 답이 달라질 수 있다. 그럼에도 일정한 합의점이 있고, 달라지는 부분도 있음을 확인할 수 있다.

가장 널리 받아들여지는 견해는 다음의 4개 악단이다. 다리엔소, 디살리, 뜨로일로, 뿌글리에세. 탱고 음악 연구가 라보카는 위의 4개 악단을 포함하는 '빅 4Big Four'가 악단으로서 탁월하기도 하지만, 탱고 음악의 스타일을 대표한다고 하면서 "빅 4는 모든 악단을 이해하는 준거점"이라 했다. 그런데 1930년대만을 놓고 봤을 때 까나로를 포함할 수도 있다고 말하고 있다. 라보카는 4대 악단의 특징을 다음과 같이 요약한다.

◎ 다리엔소: 듣는 음악에서 춤추는 음악으로의 혁명(old guard의 전통+스타카토 에지)
◎ 디살리: 멜로디 강조(특히 후반부). 세련되고 우아함. 살론 스

타일의 가장 사랑받는 악단.

◎ 뜨로일로: 가수들을 위한 최고의 악단. 스타카토-레가토 대비contrast.

◎ 뿌글리에세: 열정적이고 긴장감 있는passionate and intense. 데까로 전통의 계승. 하드-소프트hard-soft 대비.

또 다른 영국의 탱고 음악 전문가인 해리슨Clive Harrison은 '빅 4'에 대해 다음과 같은 대안적 의견을 제시하고 있다(《Tango 500》). 역시 까나로를 어떻게 처리할 것인가의 이슈다. 까나로는 1935년 이전의 대표 악단이며 1935년 이후에도 경쟁력을 유지했으므로 너무 늦게 등장한 뿌글리에세(1943년 첫 녹음)와 '빅 4'의 위상을 나눠 가질 만하다는 것이다.

이 문제에 대한 해법은 탱고 황금기를 어떻게 보느냐 하는 것과 연동된다(역사적 관점). 탱고 황금기를 1920년대 후반부터 1950년대까지 넓게 보면, 뿌글리에세와 까나로도 충분히 자격이 있고, 라보카의 의견대로 황금의 10년을 1935년부터 1944년까지로 좁혀서 보면, 사실은 까나로뿐만 아니라 뿌글리에세도 자격이 충분치 않다. 또 하나의 관점은 현재적 관점이다. 어느 악단이 현대의 밀롱게로들에게 가장 사랑받고 있는가 하는 관점이다. 아르헨티나 당국 주관의 세계탱고대회('문디알' 약칭)에서 대회용으로 플레이되는 오케스트라가 하나의 참조가 될 수 있는데, 다리엔소, 디살리, 뜨로일로는 부동의 메이저 악단이 분명하다(1~4위권 포진). 까나로는 잘 나오지 않는다. 현대 밀롱게로의 취향을 반영한 것이든, 탱고 당국의 어떠한 기준에 의한 것이든 까나로는 1920~1930년대에 구가했던 인기를 누리지 못하고 있는 셈이다. 그런데 과연 한국의 밀롱가에서도 그러할까. 통계는 가지고 있지 않지만, 까나로는 가장 사랑받는 악단 4~5순위에 들어갈 만한 위상을 가지고 있다. 예술적 기준으로는 어떠할까. 그 음악적 복합성 측면에서는 뿌글리에세와 뜨로일로가 단연 앞서 있다고 할 수 있을지 모른다. 그런데 다리엔소가 예술성 측면에서 까나로를 앞선다 할 수 있을까?

완전히 다른 '5대 악단' 주장도 있다. 이는 아르헨티나의 유명한 디제이인 마리오 올란도Mario Orlando의 관점이라는데, 한국에서는 유튜브 채널 〈탱고마스터〉를 운영하는 솔(밀롱게라) 님께서 그러한 견해를 전해주고 있다. 그 기준은 '밀롱가에서 춤추기 좋은 악단'인데, 그 기준에 따르면 5대 악단은 다리엔소, 디살리, 뜨로일로, 딴뚜리, 다고스띠노다. 뿌글리에세 대신에 딴뚜리, 다고스띠노가 들어간다. 딴뚜리, 다고스띠노가 들어간 것은 놀랍지 않다. 나 개인적으로는 이들 악단을 좋아하기 때문이다. 특이한 것은 뿌글리에세인데, 설명인즉슨 뿌글리에세는 밀롱게로를 위한 악단이라기보다는 전문 댄서를 위한 악단이라는 것이다. 즉, 차원이 다른 악단이라는 것이다.

▶ **수렴과 종합**

나는 역사적 관점, 스타일의 대표성, 현대 밀롱게로의 선호도를 종합적으로 반영하고, 각 나라 혹은 지역의 밀롱가 문화 및 특성을 아울러야 한다는 생각이다. 1935년 이전 시기를 아우르고, 각 스타일David Thomas에 따른 대표성을 고려한다면 다음의 5개 악단이 해당할 터이고, 현재적 기준에서의 평판과 선호도를 고려하면 까나로는 제외될 것이다. 한국 밀롱게로들의 선호도를 반영하면 까나로가 포함될 수 있다(전 세계적 기준에 따라 합의해야 하는 사항이 아니라면 지역적 기준에 따라 주요 악단이 달라질 수 있다는 것을 전제로 한다). 세모(밀롱게로) 님의 유튜브 업로드 횟수 조사에 따르면 까나로는 당당히 '빅 5'에 들어간다. 딴뚜리, 다고스띠노는 스타일의 대표성 측면에서 대표 악단으로 선정하기에는 좀 무리가 있을 수 있다. 그러나 확장 버전의 대표 악단에는 당연히 포함되어야 하는 악단이다.

◎ 1920~1930년대 전반/The Simple 악단 대표성: 까나로
◎ The Rhythmic 악단 대표성: 다리엔소
◎ The Lyrical 악단 대표성: 디살리
◎ The Complex 악단 대표성: 뜨로일로, 뿌글리에세

▶ 비트-리듬-멜로디-가사로 분석해보는 4대 악단

먼저 음악의 네 가지 구성요소를 살펴보자. (앞 챕터에서 살펴본 내용인데 다시 한번 요약하여 제시한다. 템포도 음악적 느낌을 결정하는 중요한 요인인데, 여기서는 분석요인으로는 제외한다.)

비트는 음악의 기반이자 춤곡의 생명이다. 비트가 사라지면 춤곡으로서의 생명도 사라진다. 비트 없는 리듬은 없지만, 비트와 리듬은 다르다.

리듬은 비트들 간의 관계 패턴(강약과 장단으로 표현)이다. 정박과 변박, 즉 다양한 싱코페이션 리듬이 사용된다.

멜로디는 음표들의 흐름이다. 음표들의 흐름으로 음악적 주제 theme를 만든다.

가사는 인간의 언어다. 그리고 언어를 전달하는 가수가 있다. 가사가 있고 없음에 따라 깐따와 인스뜨루멘딸 곡으로 나뉘는데,

가사가 있는 것이 일반적으로는 정서적으로 풍부하다고 할 수 있지만, 꼭 그렇지만은 않다.

다리엔소

다리엔소는 하드 비트, 스타카토 비트다. 8개 비트 1 프레이즈를, 강-강-강-강, 강-강-강-강으로 짧고 빠르게 치고 나간다. 이러한 하드 비트의 기반 위에 다리엔소의 음악이 생겨난다. 얼마나 단순한가. 이 기반 위에서 살짝만 비틀어주어도(싱코페이션) 리듬 변화의 체감효과가 크다. 멜로디도, 가사와 보컬도 그 강력한 하드 스타카토 비트를 따라가는데, 다리엔소 특유의 저음 레가또 바이올린은 하드 비트 주도의 음악에 변화를 준다. 또한 정서적 풍부함을 제공한다. 에차구에Alberto Echagüe의 목소리는 이러한 다리엔소 음악의 아이덴티티에 완전히 부합한다. 가사 내용과 관련해서는 예컨대 *La bruja*라는 곡의 가사는 하드 비트의 쿨한 음악에 딱 어울리는 "쿨하고 드라이"한 내용을 전달한다.

디살리

디살리는 전형적인 워킹 비트다. 8개 비트 1 프레이즈를 강-약-강-약, 강-약-강-약으로 1음과 3음에 눌러서 치고 나간다. 그 비트에 한 스텝을 걷는다. "언제나 춤추기 좋은always danceable"이라고 평가받는 디살리의 비밀은 이러한 파워풀한 워킹 비트에 있다. 한편, 하이피치 멜로디, 감각적인 피아노 터치, 그리고 가사는 그의 '로맨티시즘'을 구현한다. 멜로디를 보자면, 보컬 멜로디와 인스뜨루멘딸 멜로디가 앞뒤, 위아래로 흐르는 카운트 멜로디 운영으로 공간감을 창출한다. 리듬감이 없다고 할 수 없지만, 디살리의 우월적 특장점이라 보기는 어렵다. 따라서 디살리 음악의 미적 정체성은 '파워 워킹 비트+아름다운 멜로디 라인'으로 볼 수 있겠다.

뜨로일로

뜨로일로는 1941년과 1942년 이후의 음악이 다른데, 우선 1941년을 기준으로 보면 그 현란한 리듬이 특장점이다. *Milongueando en el 40*에서 보여준 3-3-3-3-2-2-1 싱코페이션 리듬은 그 한 예가 된다. 나에게 리듬의 제왕은 뜨로일로다(다리엔소는 비트의 제왕— El rey del compas — 이지 리듬의 제왕이 아니라는 라보카의 평가 참조). 스타카토 비트-레가또 멜로디를 넘나드는 그의 오케스트레이션 운용도 그 출렁거리는 변주감을 증폭시킨다. 1942~1943년 이후의 변화는 매우 극적이다. 서정적 가사를 전달하는 그의 서정주의Lyricism(가사 전달 중시)는 극강의 섬세함과 맞물려 "가수들을 위한 최적의 오케스트라"로 등극시킨다. 리듬감은 여전히 유지되고 있다.

뿌글리에세

뿌글리에세는 Yumba 비트가 그 정체성이다. 반도네온, 베이스, 피아노가 만들어내는 드라이빙 파워 비트driving power beat의 존재. 3-3-2 싱코페이션 리듬 운용이 현란하다. 긴장(강력한 비트를 기반으로 한 몰아치는 리듬)-이완(부드러운 멜로디 라인)의 연속으로 그의 시간 운용은 '드라마틱'으로 표출되며, 각 파트의 악기와 보컬이 위-중간-아래로 흐르는 음악적 건축구조는 풍부한 텍스트를 제공한다. 이렇게 읽을 수도 저렇게 읽을 수 있는 구조다. 따라서 뿌글리에세 미적 정체성의 핵심은 '시공간적으로 풍부하게 구축된 구

조를 뚫고 흐르는 파워 비트'라 하겠다. 시공간적 풍부함과 예리함
은 한편으로는 열광적 팬을 창출하고, 다른 한편으로는 1 딴다만
으로도 "진을 빼는" 효과를 내기도 한다.

42
탱고의 개척자, 까나로와 그 동료들

까나로는 1915년 첫 녹음을 한 이후 1930년대 전반까지 탱고계를 이끈 탱고 개척자이자, 엄청나게 많은 녹음을 기록한 다작자(3,799곡, 압도적 1위)이자, 대단한 상업적 성공을 거둔 탱고계의 메인 스트림이었다. 까나로에게는 특정하게 고정된 스타일도 없었다. 대중의 취향에 맞고 돈이 되는 것이라면 무엇이라도 연주하고 녹음했다. 취향의 변화에 따라 스타일의 변화도 그때그때 도모했다. 까나로가 주도한 혁신으로는 후렴부 가수estribillista 콘셉트 도입, 표준적 악단을 지칭하는 'Orchesta Típica' 도입, 현대적 밀롱가(*Milonga Sentimental*, 1933)의 창조 등이다. 까나로는 'the Old Guard'에 속한 세대이면서도 새로운 시도를 마다하지 않았다(데까로의 'the New Guard'에 대응하여 심포니 악단 창단 등). 현대의 우리가 주로 듣는 까나로는 마이다Roberto Maida 시절(1935~1938) 부드럽고 섬세하면서도 순정한 느낌을 불러일으키는 곡들과 앞뒤로 정직한 템포에 적당한 비트감이 있는 파마Ernesto Famá 시절(1930~1934, 1939~1941) 음악이다. 1920년대 후반의 음악(Charlo 및 Ada Falcon과 작업)과 1940년대 이후의 음악들도 있다.

까나로가 탱고를 함께 개척해간 동료이자 경쟁자는 피르뽀Roberto Firpo였다. 피르뽀는 1916년 반도네온을 오케스트라에 최초로 편입시켰다. 까나로의 지휘 연수생으로 시작해 까나로와 유사한 스타일을 구축한 악단으로는 로무또Francisco Lomuto가 있다. 피르뽀는 "잊힌 영웅"(라보까, 《Tango Stories: Musical Secrets》)으로, 현대 밀롱가에선 잘 틀지 않는다. 로무또는 까나로와 스타일을 공유하면서도 좀 더 무겁고, 파워풀하다. 우리가 즐겨듣는 1930년대 중·후반기 기준으로, 까나로와 로무또의 음악은 순정하고 따뜻하다. 덜 복잡하고, 순정하며, 따뜻한 음악 그룹에 들어가는 악단에는 이들 외에도 OTV(Orchest Tipica Victor)도 포함된다. 이들을 바짝 뒤에서 쫓아가면서 다리엔소의 하드 리드미컬 시대를 예비한 도나또Edgardo Donato도 있다.

까나로, 한결같은 순정한 로망

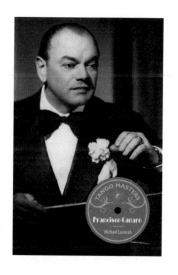

까나로는 숲과도 같다. 이철수 그림, 신영복 서체의 '더불어 숲'이다. 나무 하나하나가 아니라 더불어 이룬 숲의 풍성함, 순박함이 까나로 음악을 특징 짓는다. 더불어 이룬 숲은 쉽게 흔들리지 않고 쉽게 변하지 않는다. 계절의 변화를 받아 안지만, 우리를 감싸 안아주는 풍성함과 한결같음으로 늘 그 자리에서 우리를 받아준다. 그래서 까나로는 힐링이다. 때로는 현란한 리듬과 때로는 애절한 그리움에서 우리는 언제든 좀 더 순박하고 좀 더 평안한 곳으로 되돌아가고 싶어 한다. 까나로 음악에 우리는 근원적 아브라소의 포근함으로, 진실한 마음으로 뚜벅뚜벅 걷는다. 더불어 숲이라 해도 나무 하나하나가 숲 속에 들이친 햇볕을 받아 도드라지는 순간이 없는 것은 아니다. 트럼펫 소리, 클라리넷 소리가 그러하다. 특히 트럼펫은 까나로의 특허 영역이다. 나뭇가지 사이를 뚫고 쟁하고 들이치는 햇빛처럼 트럼펫은 청량하면서도 두텁다. 가히 까나로 악단의 '영혼'이라 할 트럼펫은 탱고든 발스든 밀롱가든 결정적 굴곡의 순간에 빛을 발한다.

까나로의 음악적 특색은 시대에 따라 변해왔는데, 함께한 가수는 마이다Roberto Maida(1935~1938), 파마Ernesto Famá(1932~1934, 1938~1941), 그리고 1920년대 후반~1930년대 초반 찰로Char-lo(1928~1932.1 *이후 찰로 솔로에 반주로 참여하기도 함: Churras-ca, 1934 등), 팔콘Ada Falcón(1929~1930년대 중반)이 있고, 1940년대 이후에도 여러 가수와 작업했다. 마이다는 여유 있는 템포에 부드러운 음색이라면, 파마는 좀 더 활기 있는 목소리에 템포도 빨라지고 리듬감이 강화된다. 찰로는 라보카가 극찬한 가수("탱고 역사상 가장 훌륭한 목소리 중 하나")이고, 팔콘은 까나로의 뮤즈이자 출중한 여성 가수로서 주로 솔로 작업을 했다(까나로가 반주). 현재 한국의 밀롱가에서는 마이다와 함께한 시절의 부드러운 음악(위 단락의 까나로에 대한 미학적 평가는 주로 이 시기를 말하는 것임)과 그 시기의 앞뒤에 있는 파마가 많이 나온다. 그 이전 시기 하와이안 기타Hawaiian guitar 연주(1928~1931)가 포함된 시기의 곡(*Mimosa*, 1929)도 꽤 나오는데, 안티구아 느낌이 많은 곡에는 호불호가 갈린다. 밀롱가의 창조자답게 까나로는 '리드미컬하고, 즐거운' 밀롱가의 특징을 완벽하게 담아내면서 최고의 명곡들을 다수 남겼다. 발스도 마찬가지인데, 탱고에서의 창의성이 시들해지고 그 주도권을 다리엔소 및 뜨로일로, 라우렌스에게 넘겨주는 시기(1938년 이후)에도 그의 발스는 여전히 밝게 빛나고 있다.

Mimosa (1929), La Morocha (1929, Falcón), Flor de Fango (1931, Charlo), Milonga Sentimental (1933, Famá/밀롱가), Poema (1935, Maida), Invierno (1937, Maida), Milonga brava (1938, Maida/밀롱가), Romantica (1938, Maida/발스), Tormenta (1939, Famá), Corazón encadenado (1942, Adrian)

로무또, 순도 99%의 따뜻함

저 먼 배경에서 나지막한 소리로 들려오더니 이내 아랫목 깊숙이 들어앉아 있는 저 클라리넷의 소리처럼 로무또의 음악은 따뜻하다. 구수하고 따뜻하다. 충분히 세련되었으면서 구수하고, 날카로운 면모를 지녔으면서도 따뜻하다. 나는 이런 클라리넷의 소리를 이때껏 듣지 못했는데, 가깝게 혹은 멀리서, 높게 혹은 낮게 흐리며, 돌이킬 수 없이 익어가는 마음의 어떤 한 단면을 표현하고 있다. 결정적 국면에서 형성되어 더는 어찌하지 못하고 그 스스로의 힘에 의해 굴러가는 서정을. 이러한 서정은 그 서정의 주인공이 어찌할 수 없다는 점에서 슬픔을 내포하고 있지만, 그 서정은 그 누군가에 대해 깊이 결속하고 있어서 따뜻한 힘이다.

　　로무또는 까나로와 유사하게 순정한 세계에 속한다. 힘찬 비트와 리듬감, 때로는 화려한 바리아시온도 있고 기교도 꽤 부리지만, 기본적으로 뚜벅뚜벅 정직하게 걷는 힘으로 음악을 전개한다. 또한 모든 주요 악기들을 풍성하게 사용하지만, 결정적 국면에서 운용하는 클라리넷과 트럼펫류의 악기들이 로무또에게 특유의 색깔을 부여함으로써 춤추기는 매우 편안하며, 정서적으로는 행복감을 준다.

　로무또는 까나로에게서 오케스트라 지휘 견습을 받았을 뿐
만 아니라(1920년 무렵, 1923년 악단 지휘 시작) 그와 오랫동안 친
분을 유지함으로써 까나로의 영향을 많이 받을 수밖에 없는 상황
에 있었다. 또한 까나로의 가수였던 찰로를 공유하고, 또한 특이하
게도 까나로와 앞서거니 뒤서거니 하며 동일한 레퍼토리를 녹음
하기도 했다. 음악적 특색도 까나로와 많이 유사하다. 정직한 템포
와 심플한 멜로디가 그러하다(데이비드 토마스). 좀 다른 점은 비
트가 좀 더 무겁고 힘이 있고 빠르며, 목관악기(클라리넷), 금관악
기(트럼펫), 심벌즈 등을 광범위하게 사용했다. 주요 가수는 디아즈
Fernando Díaz(1931~1943), 오마르Jorge Omar(1935~1942) 등이 있다. 오
마르의 목소리는 목관악기의 특징을 가진 따뜻한 목소리로 악기들
과 절묘하게 섞이고 있다.

Intimas (1931, Díaz), Nunca Más (1931, Acuña y Díaz), Mano a
mano (1936, Omar), Nostalgias (1936, Omar), Damisela encan-
*tadora (1936, Omar/*밸스*), Que tiempo aquel (1938, Omar/*밀
롱가*)*

티피카 빅터(OTV), 아침을 깨우는 청명한 종소리

아침을 깨우는 종소리. *Carrilon De La Merced* 곡 오프닝의 종소
리처럼 티피카 빅터(OTV)의 소리는 청명하다. 급히 서두를 일은
없으나 정신을 맑게 깨우는 일요일 아침의 종소리다. 누군가에게
는 교회의 종소리처럼 밝고 경건한 느낌마저 불러일으키고, 누군
가에게는 일요일에도 생활전선을 꾸리러 나가거나 혹은 나들이 나

가는 이들의 종종걸음처럼 들릴 수도 있다. 춤추기 좋은 일정한 리듬, 변주의 최소화, 밝고 맑은 느낌에서 티피카 빅터는 분명히 순정한(Innocent easy playful) 계열에 속한다. 그런데 1936년 이후에는 좀 더 활기찬 느낌이 되고(까나로-파마 조합과 유사하게), 1940년대 이후에는 좀 더 깊이 있는 느낌과 복잡성이 더해지지만, 기본적인 정조는 유지된다고 볼 수 있다. 음악적 세련도에서는 당대의 여느 악단들에 비해 뒤질 것은 전혀 없으며, 편안한 느낌으로 춤출 수 있어서 좋다. 그래서 밀롱가 초반의 워밍업 딴다나 후반기 클라이맥스 시점이 지나고(에너지가 고갈되어갈 시점에) 릴렉스 딴다로 유용해서 디제이들이 트는 듯하다. 까나로, 로무또와 비교하면 티피카 빅터는 좀 더 맑은 느낌인데, 바이올린을 더 적극적으로 활용하기 때문이 아닐까 한다.

　티피카 빅터는 디렉터의 이름이 아닌 레코드사의 이름을 딴 악단으로 1925년 결성되어 1944년까지 활동했다. 디렉터를 중심으로 시기를 구분하면 1925~1935년 까라벨리Adolf Carabelli, 1936~1941년 스꼬르띠까띠Federico Scorticati, 1943~1944년 마우라노Mario Maurano. 함께한 가수들도 매우 다양하다. 라푸엔떼Carlos Lafuente, 고메스Alberto Gomez, 바르가스Angel Vargas, 꼬랄레스Mario Corrales, 데께로Ortega De Cerro, 까롤Alberto Carol 등이 있다. 20년 가까이 오랜 시간에 걸쳐 여러 감독 아래에서 수많은 뮤지션이 거쳐갔기 때문에 음악적 색깔은 다양할 수밖에 없었지만, 중요한 레퍼토리에서 그들의 음악은 단순하고 순수한 쪽에 부합했고, 특별한 시그니처 사운드가 없는 채로 'OTV다움'을 유지했다.

Coqueta (1929), Cardos (1931), Carrilion de la Merced (1931,

Famá), Ventarrón (1933, Gomez), Adios Buenos Aires (1938, Vargas), Temo (1940, Corrales/발스), Una Vez (1943, De Cerro), Mi taza de cafe (1944, Carol)

도나또, 경쾌함 - 그 안에 살짝 감추어둔 애수와 열정

도나또는 경쾌하고 즐겁다. 이것이 도나또의 핵심 정체성을 규정함에는 이론이 없을 듯하다. 하지만 구겨진 깃 안쪽에 살짝 애수를 감추어두고 있다면? 또 다른 한편으로 뜨거운 열정을 품고 있다면? 많은 곡이 경쾌하고 즐겁지만, 또 어떤 곡들은 무거움과 어두움을 잉태하고 있다면? 도나또에 대한 열린 해석이 필요한 이유다. 도나또는 리듬감 넘치며, 왁자지껄한 느낌을 주는 파트에서는 다리엔소에 닿아있고, 애수가 깃든 서정적인 곡들에서는 프레세도에 닿아있다. 정갈하고 순박한 면모를 보이는 곳에서는 까나로에 닿아있다. 따라서 도나또는 토마스가 분류한 악단 그룹에 분류해 넣기가 까다로운 악단 중의 하나다. 그래도 여기서 '심플' 악단에 포함한 이유는 편하게 춤출 수 있는 리듬과 순수하고 즐거운 감정 쪽에 좀 더 무게를 둘 수 있기 때문이다. 도나또는 바이올린 주자로 출발했는데, 그래서인지 바이올린의 존재감이 두드러진다. 높은 음 바이올린이 밝고 맑은 음조를 주도하고, 손가락으로 뜯는 피치카토 주법은 경쾌함과 다이내믹을 증강하고 있다. 도나또는 리듬감과 멜로디를 다 갖추고 있는, 기본 메뉴와도 같은 악단이다. 다만 그 리듬이 항상 정직한 리듬은 아닌데, 때로는 시끌벅적하고 화려한 리듬감을 선보이고 있다.

1930년대 초반부터 10여 년간의 전성기 동안 도나또는 라고스Horacio Lagos, 모랄레스Lita Morales, 가비올리Romeo Gavioli 등의 가수와 함께했다. 라고스는 부드럽고 경쾌하고 살짝 애수가 깃든 목소리로 도나또 음악의 정체성을 함께 형성했고, 모랄레스는 주요 악단의 거의 유일하고 유니크한 여성 보컬로서 뚜렷한 색깔을 부여한다. 3명의 가수가 2명 혹은 3명의 조합으로 함께한 곡들이 꽤 된다.

El dia que me quieras (1935, Alessio), El adios (1938, Lagos), Ella es asi (1938, Lagos/밀롱가), Carnaval de mi barrio (1939, Lagos-Morales), Estrellita mia (1940, Lagos-Morales-Gaviolli/발스), A oscuras (1941, Lagos), Parece ayer (1942, Lagos)

43
하드 리드미컬 탱고의 창시자,
다리엔소와 비아지

탱고 황금기를 열어젖히는 데 기폭제가 되었던 1935년 이후의 다리엔소 사운드는 사실 다리엔소와 비아지Rodolfo Biagi의 합작품이었다. 데이비드 토마스는 다음과 같이 썼다. "다리엔소 사운드의 창시자는 다리엔소가 아니라 비아지라는 강력한 생각이 있다. 그런데 다음과 같이 말하는 것이 더 균형 잡힌 생각일 것이다. 즉 다리엔소가 워밍업을 거쳐 하나의 스타일에 이르렀는데, 비아지가 그 스타일에 불을 붙인 것이다"(《Twenty Tango Orchestras》). 이 스타일의 핵심은 비아지가 도입한, 강하게 끊어서 몰아치는 스타카토 피아노 주법이었고, 이것이 오케스트레이션을 지배했다. 여기에 반도네온의 쿵-쿵 하는 비트와 화려한 바리아시온이 더해지면서 다리엔소 스타일이 탄생한 것이다. 그러나 한 오케스트라에 스타가 2명일 수는 없었다. 다리엔소는 비아지를 해고했고, 두 사람은 각자의 길을 갔다. 그런데 다리엔소는 비아지 스타일을 그대로 유지했다. 비아지는 자신의 "약간 미친 듯한" 스타일을 더 밀어붙인다. 두 악단은 리드미컬 악단의 대표 악단이고, 현재 한국의 밀롱가에서 가장 인기 있는 악단에 속한다.

후안 다리엔소, 킹 오브 비트

밀롱가에서 다리엔소는 늘 옳다. 깐따Canta든 인스뜨루멘딸Instru-mental이든, 1930년대든 1950년대든, 탱고든 발스든 밀롱가든 전천후 악단이다. 탱고 황금기를 열어젖힌 장본인답다. 하드 리드미컬hard rhythmical 악단으로 분류되지만, 매우 아름답고 부드러운 선율을 특징으로 하는 곡들도 많다. 마음에 드는 대로 골라잡을 수 있다. 그래도  다리엔소를 다리엔소로 만드는 것은 역시 강하게 끊어서 몰아치는 스타카토 비트이고, 이를 2배, 4배 가속하여 에너지를 최대치로 끌어올리는 바리아시온이라 할 것이다. 다리엔소는 하드 스타카토 비트로 비트의 제왕The King of Beat 자리에 올랐다. 그러나 다리엔소는 말한다. "비트가 왕이다Beat is the King!"라고. 다리엔소의 또 다른 시그니처 사운드는 윙윙 울리는 듯한 중저음 바이올린 멜로디 라인이다.

1930년대 중반부터 1940년대 초·중반의 인스뜨루멘딸과 에차구에의 곡들이 전형적으로 다리엔소 악단의 특징에 부합한다. 마우레Héctor Mauré는 복합적이다. 여전히 리듬감 넘치는 곡들과 함께 멜로딕한 곡들이 등장한다. 속도가 빠르지 않으면서 오히려 차분함이 느껴지는 마우레의 곡들도 있는데, 리드미컬함은 유지하고 있다. 라보르데Armando Laborde로 가면 더욱 복합적이 된다. 리리컬lyrical로 가는 경향이 탐지된다. 그래도 다리엔소는 다리엔소다. 다

리엔소는 1950년대 이후에는 1930년대의 하드 리드미컬 사운드로
다시 돌아오는데, 이 스타일은 활동이 마감될 때까지 지속된다.

*Nueve de Julio (1935) El Flete (1936) La punalada (1937) No
mientas (1938, Echagüe) Olvidame (1939, Echagüe) Santa mi-
longuita (1939, Echagüe) Recuerdos de la Pampa (1939, Echa-
güe/발스), Milonga del recuerdo (1939, Echagüe/밀롱가), Por
Que Razon (1939) Ya lo ves (1941, Mauré), Tango brujo (1943,
Mauré), Amarras (1944, Mauré), Magdala (1944, Laborde) La
cumparsita (1951), Loca (1955), Mi Dolor (1972, Ramos)*

비아지, 열정의 연속 격발

밀롱가를 장악하는 비아지의 힘은 어디서 오는 것일까. 그것은 첫
째, 리듬, 템포, 음조를 자유자재로 활용하면서 새로운 리듬감을 창
조했다는 데 있을 것이며, 둘째, 그렇게 해서 탄생한 음악의 정조가
'열정', '활기'에 기반하고 있기 때문이다. 비아지의 열정은 생의 꼭
짓점을 향해 슬픔과 고난을 감내하면서, 회오리를 그리면서 상승
해간다. 이것은 딴뚜리와도 같이 생의 기쁨을 노래하는 것인데, 이
기쁨은 관조에서 얻어지는 것이 아니라 적극적인 행위에서 얻어진
다. 그래서 비아지는 어느 순간 격발되어 터져 나온 열정이고, 그
열정의 연속된 격발이며, 행동하는 자만이 얻을 수 있는 정서적 해
방이다. 우리의 열정을 깨우는 비아지의 무기는 약음의 강조(오프
비트off-beat), 즉 강약음의 자리바꿈(강약강약 → 약강약강), 늘림
음과 당김음으로 나타나는 싱코페이션, 독특한 떨림과 숨을 조이
는 듯 음색을 내는 반도네온(특히 후반기), 피아노 솔로('비아지 솔

로')의 스타카토다. 피아노 스타카토는 생의 정상에서 경쾌하고도 경이에 찬 발걸음이다.

비아지는 다리엔소와 함께 다리엔소 사운드를 창조했다. 그리고 "스타는 한 악단에서 두 명일 수 없다"라는 다리엔소의 선언과 함께 해고되었다. 비아지는 즉각 자신의 악단을 결성하여 비아지 사운드를 만든다. 비아지 없이 다리엔소 사운드를 유지한 다리엔소도 대단하고, 다리엔소의 후광을 벗고도 곧장 그 사운드를 극단적으로 밀어붙이면서 "미친 듯한" 비아지 사운드를 만들어낸 비아지도 대단하다. 다리엔소와 마찬가지로 비아지도 한국 밀롱가에서 매우 인기 있는 악단이다. 가수들 중 팔가스Andrés Falgás, 오띠스Jorge Ortiz, 이바네스Teofilo Ibañez는 힘차고 경쾌하며, 두발Hugo Duval, 아모르Alberto Amor는 상대적으로 부드럽고 느리며 서정적이다.

Pura clase (1939), Viejo portón (1938, Ibáñez/발스), Dichas que vivi (1939, Falgas/발스), Quiero verte una vez mas (1940, Ortiz), Pueblito de provincia (1943, Ortiz), Flor de Monserrat (1945, Amor/밀롱가), Marol (1946, Amor), Racing Club (1950), Sangre de mi sangre (1954, Duval)

44
로맨티시즘의 계보, 프레세도와 디살리,
그리고 깔로와 데마레

로맨티시즘Romanticism은 무엇인가. (여기서는 서구 예술사에서 '고
전주의'에 대항하는 예술사조로서의 '낭만주의'는 잊기로 하자.) 나
의 개인적 용법에 따르면 인간 마음의 "가장 연약한" 부분을 건드
리는 것이다. 마음은 언제 가장 연약해지는가. 바로 사랑할 때다.
사랑을 주제로 하여 연약함을 표현하는 방식이 로맨티시즘이다.
그 표현 방식은 아름다운 멜로디, 그리고 섬세함이다. 이것은 필자
가 나름대로 내린 정의이지만, 일반적으로 '서정주의'lyricism로 표현
되기도 한다. 토마스David Thomas의 분류법에 따르면 "The Lyrical은
부드럽고 유려한 음들을 사용하여 부드러운 정서를 불러일으키는
음악"이라고 정의했는데, '로맨티시즘'과 '리리시즘'은 혼용해서 써
도 좋은 용어다.[2]

　'로맨틱 탱고'의 기원은 프레세도Osvaldo Fresedo로 거슬러 올
라간다. 프레세도는 1920년대부터 왕성하게 활동한 악단이었고,
1920년대 후반에는 여러 개의 오케스트라를 운영하면서 오케스트

2　리리컬(lyrical)은 원래 '가사가 있는'이라는 뜻일 텐데, 이것이 왜 서정성을 의미하게
되었을까. 그것은 가사, 즉 시를 통해 표현하는 것이 바로 '서정'이기 때문이다. 따라서
가사가 없는 음악이나 회화의 경우에도 'lyrical'로 분류될 수 있다. 서정적이거나 '표현적'
인 경우에 그러하다.

라별 대리감독을 내세워 관리하기도 했다. 디살리가 그런 예였다. 1920년대 후반부터 1930년대 초반은 탱고의 큰 흐름이 분화되어 발전하기 시작한 시기였다. 까나로와 피르뽀 등은 스스로 '올드 가드'(1920년대 중반 데까로의 새로운 음악적 시도 이전의 전통적 탱고를 통칭해서 가리키는 용어)의 주요 멤버였는데, 그에 기반한 음악적 변신을 계속하고 있었다. 프레세도는 전반적으로는 '올드 가드' 느낌을 유지하다가 1930년대 초부터 북미의 재즈 밴드로부터의 영향을 흡수하여 부드럽고 나른한 그만의 사운드를 창조하게 된다. 프레세도 음악 중에는 힘찬 비트와 빠른 리듬을 보여주는 곡들도 있는데, 가수 라이Roberto Ray와의 결합(1933) 이후에는 섬세하고 서정적인 경향이 표준화되었다고 볼 수 있다. 이로써 탱고의 흐름은 까나로가 대표하는 전통적 흐름과 데까로가 주도하는 혁신적 흐름, 이들 두 그룹과의 영향을 주고받는 가운데 서정성을 강화하는 그룹이라는 세 가지 흐름이 발생했고, 이어서 1935년 이후에는 다리엔소, 비아지가 대표하는 하드 리드미컬 그룹이 탄생하여 4개의 흐름으로 분화·발전했다고 보면 될 것 같다.

　　프레세도와 절친(디살리가 프레세도를 멘토로 여김)이었던 디살리는 로맨티시즘의 계보를 이어받아서 이를 완성한다. 디살리는 아름답고 서정적인 멜로디와 함께 춤곡으로서의 정체성을 확고히 하는 데 기여한 파워 워킹 비트를 통합하여 녹여 넣었다. 그리하여 춤추기 좋은 정체성을 유지하는 가운데 서정주의의 최고 정점에 서게 된다. 프레세도와 디살리는 구분하기 어렵지 않지만, 빠른 인스뜨루멘딸에서는 두 악단을 언뜻 식별해내기 어려울 수도 있다. 그만큼 친연성이 있다는 얘기다. 사랑이라는 감정을 고리로 한 낭만적 서정은 깔로와 데마레로 이어진다. 이 그룹에는 다고스띠노도 포함되는데, 다고스띠노는 뒤 챕터에서 따로 다룬다.

프레세도, 잔잔한 사랑

잔잔한 사랑이다. 바이올린이 톤을 리드하고 있고, 전반적으로 급격한 템포의 변화 없이 잔잔히 곡이 전개되는바, 맑은 영혼을 지닌 시적 자아가 평정심을 가지고 자신의 러브 스토리를 들려주고 있는 모양새다. 이 잔잔한 사랑에서 누군가는 쓸쓸함을 읽을 것이고, 누군가는 '격정에 몸을 다 맡기지는 않는' 지혜로운 사랑을 읽을 것이다. 누군가는 시간을 두고 길게 이어지는 인연을 읽을 것이다. 그것은 열정적인 사랑은 아니다. 반드시 회고적인 것은 아니되, 옛사랑의 추억을 찾아 나선 여인 앞에 불어오는 바람이고, 좋은 님 떠나보낸 후 시간이 제법 흘렀어도 쉽게 털어내지 못하고 속울음 우는 남자의 모습이다. 사랑은 기쁨이지만, 사랑을 얻지 못할 때 혹은 잃은 후에는 "달콤한 슬픔Dulce Amargura"이 된다. 격정이 지나치거나, 실연의 아픔을 깊게 앓고 있거나, 사랑의 미래에 불안감을 갖고 있다면, 시간적으로든 공간적으로든 그 격정의 중심에서 한 발짝 정도 물러서 있는 프레세도에서 쉬어가도 좋을 것이다.

주요 가수로는 라이Roberto Ray와 루이스Ricardo Ruiz가 있다. 라이의 경우에는 노스탤지어의 짙은 향기에 젖어드는 목소리 탓에 쓸쓸한 추억으로 빨려 들어가는 듯하고, 루이스의 경우에는 그 쓸쓸함이 조금 뒤로 물러서고 낭만적 경쾌함의 정취가 좀 더 앞으로 나온다.

Tigre Viejo (1934), Vida Mia (1934, Ray), Sueño azul (1937, Ray), Sollozos (1937, Ray), Mi Gitana (1939, Ruiz), Buscandote

(1941, Ruiz)

디살리, "꾹꾹 눌러쓰는" 연애편지 - 사랑하는 이의 긍지

우리가 결국 도달하고자 하는 것은 그 음악이 빚어내는 정조이고 밀롱게로로서 우리는 그 정조에 맞추어 춤추고자 한다. 이는 구조적 요소로부터 도출되지만, 하나의 구조 요소로 환원되지는 않는다. 그래서 분석적 태도보다 더 앞서는 것은 정서적 요소에 집중할 수 있는 능력이 아닐까 한다.

디살리는 그 정서적 요소를 강하게 어필하는 악단이다. 이사벨라(밀롱게라) 님은 디살리 악단의 특징을 "꾹꾹 눌러쓴 연애편지"라 묘사했다. 탁월한 표현이라고 본다. 디살리는 꾹꾹 눌러서 비트를 표현한다. 멜로디의 표현 역시 그러하다. 디살리의 사랑은 사랑의 상실에 대한 슬픔과 한탄에 머무르지 않는다. 떠나간 님에 대한 원망에 스스로를 빠뜨리지 않는다. 사랑하는 자신에 대한 긍지가 있다. 나는 "파워 비트와 하이피치 바이올린이 빚어내는, 연인을 떠나보내는 이의 아름다운 긍지"라는 표현을 더하고자 한다. 이것이 '신파'를 넘어선 디살리의 힘이며, 우리가 디살리를 오래도록 질리지 않고 사랑하는 이유이기도 하다.

디살리의 음악적 정조에 대한 '주관적 해석'의 디테일은 다를 수 있지만, 바이올린과 반도네온, 피아노와 보컬이 어우러져 만들어내는 하모니와 아름다운 멜로디가 매우 서정적인 정서적 효과를 발생시키고 있음은 분명하다. 아라스뜨레Arrastre(소리를 끌 듯이 하여 비트를 강조하는 기법. 뿌글리에세의 Yumba와 비슷) 주법으로 힘 있는 비트를 만들어내는(아마도 반도네온과 함께) 한편, 하이피치로 긴 호흡의 멜로디를 만들어내는 여러 대의 바이올린이

디살리 악단의 주인공이다. 디살리 자신이 부드러운 터치감으로 연주하는, 때로는 멜로디, 때로는 리듬, 때로는 연결음 역할을 하는 피아노 역시 주인공 역할을 하고 있다. 반도네온은 리듬 파트와 멜로디 파트에서 일정한 역할을 하고 있지만 전면에 나서지는 않으며, 중저음으로 바이올린을 보완하는 역할을 한다. 디살리의 음악은 쌍쌍한 비트를 기본적으로 깔고 가면서 춤추기에 좋은 춤곡으로서의 정체성을 잃지 않는다. 파워풀한 비트에서 우리는 큰 걸음으로 씩씩하게 걸어줘야 하고, 아름다운 바이올린과 피아노 선율에서는 히로, 빠우사 등으로 절제된 애절함을 표현해야 한다. 디살리는 이른바 살론 스타일에 맞춤한 춤곡으로서 클래식한 춤곡의 또 하나의 전범을 만들어내면서 살론 스타일/멜로딕 계열의 대표주자 위상을 거머쥐고 있다 할 것이다.

디살리 악단의 활동 시기는 1927년으로 거슬러 올라가지만, 1939년 말 레코딩을 재개한 이후가 우리가 주로 만나는 디살리다. 당시 레코딩 곡인 *Corazón*은 디살리와 루피노를 즉각적으로 스타덤에 올려놓았다. 이후 1940~1950년대의 대표적인 악단으로 활동한다. 1940년대 초반은 곡이 좀 더 빠르고 리드미컬하며, 중·후반부로 갈수록 곡의 템포가 느려지면서 서정적인 측면이 강화된다. 1950년대 이후 탱고 황금기가 저물어가던 시기에도 보석 같은 곡들(특히 인스뜨루멘딸)을 만들어냈다. 시대를 대표하는 가수들과 함께했는데, 루피노Roberto Rufino는 애절함을 녹여내는 드라마틱

한 목소리와 창법으로 디살리의 색깔을 대표할 만하고, 뽀데스따
Alberto Podesta는 중후함과 부드러움으로 광범위한 지지를 받을 만
한 노래들을 들려주고 있다. 두란Jorge Duran은 테너와 바리톤 사이
의 피치에서(원래 바리톤이었으나 디살리가 살짝 한 피치 올려서
부를 것을 요구했다고 한다) 남성적 달콤함의 봉우리 하나를 보여
준다.

Corazón (1939, Rufino), El Pollo Ricardo (1940), Griseta (1941,
Rufino), Cornetin (1943, Rufino), Yo soy de San Telmo (1943,
Rufino/밀롱가), Ensuenos (1943), Nada (1944, Podestá), Llueve
otra vez (1944, Podestá), La capilla blanca (1944, Podestá), Porte-
no y bailarin (1945, Duran), Tus labois me diran (1945, Duran),
Acuérdate de mí (1946, Duran/발스), Champagne tango (1952),
Nueve puntos (1956), Bahia blanca (1958)

깔로, 부드럽고 우아한 세계

깔로Miguel Caló의 음악은 다양한 감성적·정서적 층위 속에서 너무
열렬하지도, 너무 애절하지도, 너무 신나지도, 너무 경쾌하지도, 너
무 장대하지도 않은 그런 지점을 점유하고 있다. 다소 밝은 곡들도
있고, 다소 어두운 색채의 곡들도 있지만, 후자의 곡들조차 따뜻하
고 경쾌하고 서정적인 피아노 터치로 그 어두움과 무거움이 상쇄되
어 있고, 날카롭지는 않지만 섬세하고, 어둠의 그늘이 드리워도 무
겁지 않은, 전반적으로 절제되고 부드럽고 균형적인 정서가 조율되
고 있다. 1939년 가을부터 맡은 마데르나Osmar Maderna의 피아노가
악단의 색깔에서 주된 역할을 하는데, 멜로딕 프레이즈와 리드미

컬 프레이즈를 연결하는 역할을 하고, 때로는 리듬을 담당하며 때로는 멜로디를 이끈다. 깔로의 시그니처 사운드라 할 수 있는, 피아노가 또르르르 굴러가는 "띠링 – 떵" 하면서 끝맺는 특유의 엔딩은 편안하게 밀롱게로들을 감싸안는다. 아름다운 멜로디와 리드미컬한 비트 사이에서 우리는 춤꾼으로서 행복하고, 급기야는 섬세한 피아노의 작은 소리에 무릎 꿇고야 만다.

스타일 구축과 대중적 호응 양 측면 모두에서 깔로 악단의 분기점은 1942년 초의 가수 베론Raúl Berón과 함께 녹음한 *Al Compás del Corazón*이었다. 뽀데스따가 디살리에게로 갑작스럽게 떠나는 바람에 베론에게 기회가 왔지만, 주변의 우려는 컸다. 당시 인기를 얻고 있던 다른 가수들의 드라마틱한 창법(루피노, 피오렌띠노 등)과는 달리 속삭이는 듯한 창법을 쓰고 있었기 때문이다. 깔로는 모험을 감행했고, 결과는 대박이었다. 이 곡은 섬세하고 부드러운 깔로 스타일의 확립인 동시에 그간 대중적 호응에서 제한적이던 깔로가 대중적 호응을 확인하고, 이어서 왕성한 활동을 이어간 기반이었다. 그리고 탱고계의 지형을 다소 거칠고 리드미컬한 사운드에서 섬세하고 부드러운 사운드로 옮겨놓은 결정적 계기가 되었다. 주요 가수로는 베론 외에도 이리아르떼Raúl Iriarte가 있다. 디살리에게로 떠났다가 다시 돌아온 뽀데스따도 있는데, 뽀데스따는 다시 라우렌스에게로 떠나고 라우렌스에 이어 다시 디살리에게로 간다. 베론은 1943년 데마레에게 갔다가 1944년 다시 깔로에게 돌아온다. 베론은 특유의 부드럽고도 나직한 목소리가 매력이고, 이리아르떼는 바리톤적인 두께의 더 짜랑짜랑한 목소리를 가지고 있다.

Al compás del corazón (1942, Berón), Tristeza de la calle Corrien-

tes (1942, Berón), Si Tu Quisieras (1943, Podestá), Marion (1943, Iriarte), Los despojos (1947, Iriarte), Rebeldia (1947, Iriarte), Porteñisimo (1967)

데마레, 멀리 있는 사랑

'멀리 있는 사랑'이다. 아주 먼 사랑은 아니고 잡힐 듯 잡히지 않는 거리에 있는 사랑이다. 데마레Lucio Demare는 사랑의 설렘에 대해 표현하는 곡들도 있지만, 대부분 곡은 멀리 있는 사랑에 대한 안타까움을 표현한다. 디살리와 함께 탱고의 '애절함' 계열에 속한다고 할 수 있겠다. 그러나 그 애절함은 '담백한 로맨티시즘'의 범주 안에 있다. 절제된 애절함이며, '떠날 때가 언제인지를 알고 떠나는' 이의 뒷모습이며, 그것을 바라보며 떠나보내는 이의 시선이다. 애절함의 표현은 바이올린이 담당한다(물론 반도네온도 함께일 것이다). 그런데 현을 긁어대는 바이올린들의 합창은 거칠면서도 힘과 절도가 있어서 씩씩한 남자들의 행진처럼 느껴진다. 반면, 데마레 자신이 담당하는 피아노는 유려하고 부드러운 터치감의 결정판이다. 그리하여 데마레의 서정 주체 및 효과는 남성성과 여성성을 절묘하게 배합하고 있다. 여성적 남성성이며 남성적 여성성이다.

데마레는 1920년대 초, 16세의 나이부터 재즈 밴드의 피아니스트로 음악 경력을 시작한다. 1926년에는 까나로와 동행하여 파리로 가서 까나로의 주선으로 까나로 악단의 가수 2명과 함께 트리오 활동을 하다가 1936년 아르헨티나로 귀국하여 1938년(온전한 자신의 이름으로는 1939년) 악단을 결성했다. 까나로의 영향으로 그의 음악은 단순함의 미덕을 유지하는 가운데 재즈 피아니스트로서의 오랜 경력이 그의 작곡(*Malena, Mañana Zarpa Un Barco,*

Solamente Ella 등)과 연주 그리고 오케스트레이션에 매우 서정적인 감성을 입힌 것으로 보인다. 거칠게 현을 긁는 바이올린 소리는 1942년 영입한 카쁠룬Raúl Kaplún의 연주로 남성적 박력을 더해준다. 가수는 미란다Juan Carlos Miranda, 베론Raúl Berón, 킨따나Quintana 등과 함께했다. 가수들의 목소리는 모두 악단에 부드럽게 녹아든다.

Mañana zarpa un barco (1942, Miranda), Malena (1942, Miranda), Oigo Tu Voz (1943, Berón), Se fue (1943, Berón/발스), Solamente ella (1944, Quintana), Torrente (1944, Quintana)

45
데까로의 후예들: 라우렌스, 뜨로일로, 뿌글리에세

데까로Julio de Caro(1924년 초 Sexteto 결성 및 첫 녹음)는 "탱고는 음악이다"라는 선언을 통해 탱고 음악이 탱고 춤의 부속물로서가 아니라 음악 자체로서의 가치를 상승시키는 데 초점을 두었다. 그 것은 음악을 '듣는 것'만으로도 좋음을 의미한다. 발이 아닌 귀로 듣는 음악을 지향하는 것이다. 그러나 데까로에 맞서 탱고 음악을 귀에서 발로 다시 가져오고자 했던 다리엔소 사운드의 성공(1935년 이후)은 적어도 탱고 음악에서는 발로 듣는 음악이 지배적임을 알 렸다. 탱고인들은 타협할 수밖에 없었다. 데까로조차 대중의 취향 을 따르는 것과 자신의 음악적 방향성 사이에서 흔들리면서 갈 길 을 잃어버리고 만다.

하지만 데까로의 후예들은 그렇지 않았다. 음악적 혁신을 이 루어 음악으로서의 수준을 올리면서도 탱고 댄서들의 취향에 맞 추는 자신만의 방식, 즉 발과 귀를 모두 만족시키는 방식을 찾아 나섰다. 라우렌스Pedro Laurenz는 이러한 방식을 찾는 데 절반의 성 공을 거두었다. 1925년 데까로 악단에 반도네온 주자로 합류하여 10년간 함께한 라우렌스는 1934년 독립하여 자신의 악단을 꾸리 지만, 다리엔소의 열풍 속에서 1937년에 가서야 첫 녹음(Arrabal) 을 할 수 있었다. 그의 음악적 혁신은 대단했고 대중도 그에 호응했지만, 그 호응은 제한적이었다. 녹음 숫자도 1937년 4곡, 1938년 2곡에 불과했다. 그는 새로운 시대를 열었지만, 대중의 호응이 열광적이지는 않았다. 너무 시대를 앞서갔는지도 모른다. 하지만 라우렌스를 딛고 뜨로일로, 뿌글리에세 등 혁신그룹은 더욱 전진할 수 있었다. 1941년 이후의 뜨로일로, 1943년 이후의 뿌글리에세는 음악적 혁신과 대중적 호응이라는 두 마리 토끼를 다 잡게 된다.

라우렌스, 격렬하고 묵직한 남성적 에너지

3-3-2 싱코페이션 리듬을 비롯한 리듬 변주가 현란하고, 악기들 간 드나듦도 자유롭다. 폭발적인 반도네온 바리아시온 파트는 숨 막힐 정도다. 격렬하고 묵직한 남성적 에너지가 넘친다. 또박또박 걸어가는 정박은 없다. 다리엔소와 비아지도 또박또박 걸어가지는 않지만, 밑바닥 비트의 규칙성 내에서 싱코페이션syncopation과 오프 비트off-beat를 풍성하게 사용하면서 리듬감을 살리고 있다면, 라우렌스는 피아노, 반도네온, 바이올린이 제각각 밀고 당기면서 프레이즈를 넘나든다. 유니즌unison(제창)으로 몰아치고, 제각기 따로 논다. 그 변화와 들고남이 자유롭다. 그중에서도 단연 주인공은 반도네온인데, 하이high피치와 로low피치를 자유롭게 활용함으로써 음의 풍성함을 확보하고, 바리아시온 파트를 유난히 길고 멈춤 없이 폭발적으로 전개함으로써 우리를 열광적인 게임으로 이끈다.

　가수는 전반기(1937년부터 1942년 무렵)의 파렐Hector Farrel, 까사스Juan Carlos Casas 등이 있고, 후반기(1943~1944년 무렵)에는 뽀데스따Alberto Podestá, 버뮤데스Carlos Bermudez, 리나레스Jorge Linares 등이 있다. 전반기는 악기들이 전면에 편성되어 리드하고 가수는 후반부에 등장하여 다소 보조적인 역할을 한다면, 뽀데스따 이후에는 가수에게 더 비중 있는 역할을 부여하면서 서정적이면서 멜로딕한 측면이 강화되고 있다. 뽀데스따의 경우, 그의 보컬로서의 매력 — 굵고 힘이 있으면서 부드럽고, 충분히 열정적이면서 감상적이지 않은 — 은 디살리와의 작업에서와 마찬가지로 라우렌스와의 작업에서도 잘 표현되고 있다. 인스뜨루멘딸과 초기 깐따 곡들이 반도네온의 테크닉적 화려함을 극대화시킨 쪽이라면, 뽀데스따에서는 보컬의 영역을 좀 더 확보하면서 반도네온의 화려함은 눌러두는 모양새다.

Arrabal (1937), Abandono (1937, Farrel), No me extraña (1940, Casas), Mascarita (1940, Casas/발스), La vida es una milonga (1941, Martin Podestá/밀롱가), Nunca Tuvo Novio (1943, Podestá), Alma de Bohemio (1943, Podestá)

뜨로일로, 밝고 눈부신 1941년과 시적 세계의 완성으로 나아간 1942년 이후

뜨로일로Aníbal Troilo 악단의 음악은 브릴리언트brilliant하고(영어로 전달되는 이미지가 더욱 선명한 듯하다. '밝다', '눈부시다'로 번역 가능) 시적poetic이다. 음악 스타일 분류에서 복합적 악단The Complex을 대표하는 그룹으로, 뿌글리에세와 비교하자면 뿌글리에세가 '드라마'라면 뜨로일로는 '시'이고, 그 표현하는 에지에서 힘이 훨씬 덜

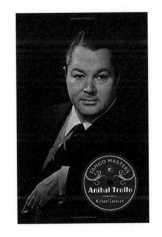

들어가 있다. 뿌글리에세가 '열정'을 불러일으킨다면, 뜨로일로에게는 '노스탤지어'가 있다. 뿌글리에세가 '투쟁'이라면, 뜨로일로는 '화해'다.

뜨로일로에게 1941년은 특별한 해였다. "밝고 눈부신" 뜨로일로 음악이 한꺼번에 화산 폭발하듯이 분출한 해다. 1938년도 오데온Odeon(레코드 회사)과의 단 2곡의 녹음 이후(오데온이 녹음할 기회를 주지 않았다) 뜨로일로 악단은 빅토르Victor(레코드 회사)사와 계약하여 드디어 녹음할 수 있었다. 1941년은 "작렬하는 봄 혹은 여름"이다. 생동감 넘치는 두근거림이다. 거침없는 자신감과 섬세한 조율의 완벽한 결합이다. 뜨로일로는 스타카토와 레가또 파트를 빠르게 번갈아 연주하는 풍부한 연주를 통해 '리드미컬 계열과 멜로딕 계열을 통합한' 흐름을 형성했다. 1942년을 기점으로 뜨로일로의 음악은 많이 변화하는데, 그 이전의 화려하고 밝은 봄(아침)과 여름(정오)을 지나 빛과 어둠이 서로에게 스미는 어스름 저녁 무렵으로 넘어가고 있다. 햇살은 여전히 뜨거운 잔열을 지니고 있는데, 그늘이 점점 다가오고 있는 그 경계선 어디쯤에 깃드는 여유이고 애상이다. 오히려 시적 정체성은 이때부터 더 확장한다고 볼 수 있다. 이쪽도 저쪽도 아닌 경계의 세상에서 뜨로일로의 팬들은 전율한다.

가수는 당대 최고의 진용을 구축했는데, 피오렌띠노Francisco Fiorentino와 마리노Alberto Marino다. 피오렌띠노가 대중가수 창법으로 부드럽고도 애잔한 마음을 드러내고 있다면, 마리노는 클래식 벨칸토 창법으로 힘 있고 시원한 고음과 깊은 베이스음 사이를 자유롭게 운용한다. 그러면서 아스라한 느낌을 주는 시적 세계로 나아간다.

Milongueando en el 40 (1941), Toda mi vida (1941, Fiorentino),
El bulin de la calle ayacucho (1941, Fiorentino), Mano brava
*(1941, Fiorentino/*밀롱가*), Un placer (1942,* 발스*), Gricel (1942,*
Fiorentino), Sosiego en la noche (1943, Fiorentino), Uno (1943,
Marino), Tal vez sera su voz (1943, Marino), Sonar y nada mas
*(1943, Fiorentino-Marino/*발스*)*

뿌글리에세, 생을 관통하는 불굴의 생명력

뿌글리에세Osvaldo Pugliese는 우리를 격
동시킨다. 거기에는 몇 가지 요인이 있
다. 먼저 파워풀powerful 비트다. 'Yum-
ba' 비트는 저 심연에서부터 길어 올려
지는 듯한 소리다. 반도네온의 날카롭
고 꿰뚫는 듯한 연주는 강-약-강-약
의 비트에서 강음이 너무 강하여 약
음은 들리지 않을 지경이다. 3-3-2 비
트와 화려한 리듬의 변주는 라우렌

스 및 뜨로일로와 공유하는 것이되, 그들보다 선명하다. 라우렌스
는 1937~1938년의 음악적 혁신이 대중적 성공의 제한 등으로 그 이
후 뭔가 가로막힌 듯한 느낌이고, 뜨로일로는 1942년 이후 섬세한
시적 세계로 나아갔다면, 뿌글리에세는 라우렌스의 남성적 에너지
를 이어받아 극한까지 끌고간다. 두 번째 특징은 좌우 선상, 즉 템
포의 자유로운 운용이다. 음을 길게 늘어뜨리는 루바또Rubato 기법
이다. 반도네온으로 거칠게 몰아붙이다가 한없이 애절하게 풀어준
다. 여기서는 비브라토 바이올린이 한 역할을 한다. 한편 베이스는

다른 악단에서는 잘 구사하지 않는 보잉bowing 연주가 불쑥 나온다 (*Malandraca* 등). 이 모든 효과들이 맞물려 뿌글리에세는 긴장ten-sion-이완resolution의 연주를 들려준다. 뿌글리에세의 음악을 '드라마틱'하다고 이름하는 이유다. 드라마틱함이란 무엇인가. '사건'을 의미하며, '서사'를 의미하며, 기승전결을 의미한다. 기승전결을 거치는 드라마에는 희로애락의 감정이 다 담겨있으되, 그 개별적인 감정들로 귀속되지 않는다. 오히려 사건을 꿰뚫고 흐르는 비장미悲壯美가 존재한다. 슬플 비, 씩씩할 장. 생을 관통하는 씩씩함이자 생명력이다. 생을 관통하는 불굴의 생명력.

　뿌글리에세의 장대한 여정은 1943년부터 시작해서(라우렌스 악단, 깔로 악단 참여에 이어 1939년 자신의 악단을 결성했으나 녹음까지는 4년을 더 기다려야 했다) 1980년대까지 이어지는데, 1950년대 후반 이후는 뿌글리에세 음악의 특징이 만개하여 나타난다. 다른 악단들이 성장을 멈춘 시점에도 뿌글리에세는 계속 나아간다. 음악의 드라마틱한 특징 때문에 일반 밀롱가에서는 1 딴다 정도로 제한되게 나오는 편이나, 전문 댄서들의 공연 곡으로는 매우 선호된다. 데까로의 후예로서 1943년 이후 초기에는 주로 데까로 악단의 레퍼토리를 많이 연주했으나, 이후 그 누구의 후예도 아닌 자신만의 스타일을 완성했다. 하지만 춤곡으로서 정체성의 뿌리는 확고하게 유지했다. 인스뜨루멘딸이 상당한 비중으로 자리 잡고 있으며, 함께한 가수로는 샤넬Roberto Chanel, 모란Alberto Moran, 마시엘Jorge Maciel 등이 있다. 샤넬은 비음 섞인 목소리가 부드럽게 곡에 녹아드는 느낌이고, 마시엘은 드라마틱하고 파워풀한 보컬이며, 모란은 그사이 어디쯤에 있다.

Farol (1943, Chanel), Tierra querida (1944), Raza crilloa (1945),
Una vez (1946, Moran), La yumba (1946), Malandraca (1949),
La tupungatina (1952), Chiqué (1953), Seguime si podes (1953),
Remembranza (1956, Maciel), A Evaristo Carriego (1961)

46
알고 보니 리리컬, 알고 보니 리드미컬: 딴뚜리와 다고스띠노

악단 분류 카테고리에 넣기에 모호한, 아니 오히려 넣기 싫은 악단도 있다. 딴뚜리Ricardo Tanturi가 그러하고, 다고스띠노Ángel D'Agostino가 그러하다. 딴뚜리는 다리엔소의 직접적인 후예라 해도 좋을 만큼 '리드미컬' 악단으로 손색없다. 초기의 인스뜨루멘딸이 그러하고, 까스띠조Alberto Castillo의 빠른 보컬 곡들이 그러했다 (1939~1941). 그러나 1942년 이후 변화가 찾아온다. 그들은 오히려 '리리컬'lyrical 악단으로 변해간다. 깜뽀스Enrique Campos(1943~1946)와 함께할 때는 더욱 그러했는데, 더 좋은 것은 확고한 리듬적 기반 위에 멜로디를 쌓아올리고, 가사를 전달했다는 것이다. 그들에게 "멜로디와 리듬은 상충하는 것이 아니었다. 다리 위에 몸통이 있듯이 리듬 위에 멜로디가 있다"(라보카). 다고스띠노도 리듬과 멜로디가 조화로운 악단이다. 오히려 조화에 이르는 과정은 딴뚜리와 다르다. 그들은 출발부터가 리리시즘 혹은 로맨티시즘에 기반한 악단이라 볼 수 있다. 그들은 차분하고, 그리움에 젖어있으며, 향수를 불러일으킨다. 이러한 내용은 그들의 가사에도 명백히 담겨있다. 그런데 그들의 음악을 들어보면 리드미컬하다! "리리컬인 줄 알았는데, 알고 보니 리드미컬"하다. 이 점이 프레세도와는 다르다.

딴뚜리, 삶에 대한 음유적 찬가

딴뚜리라는 숲속에서 우리는 저벅저벅 걷는, 진중하면서도 경쾌한 발걸음을 듣는다. 감정은 어느 한 곳으로 치닫지 않되 에너지로 가득 차 있고, 가수들의 창법 역시 과장됨 없이 읊조리듯 노래하는데 (음유적 창법), 이 노래들은 삶의 응축된 기쁨을 담아내고 있다. 딴뚜리-깜뽀스의 다소 어두운 음조 속에서도 이것은 유효하다. 딴뚜리 특유의 리듬감과 화성구조가 이를 가능케 했을 것이다. 이를 분석하는 것은 나의 능력 밖에 있으나, 싱코페이션 등 현란한 리듬요소와 복잡한 화성적 요소를 자유자재로 구사하면서도 매우 정형적인 질서를 곡 전체에 부여하고 있기 때문이 아닐까 한다. 보컬과 악기들이 각각의 특징들을 드러내면서도 맞물려 돌아가며 만들어내는 하모니가 놀랍고, 휴지休止와 악센트의 느낌을 살려주는 스타카토와 싱코페이션의 구사가 고유의 리듬감을 창조하고 있다. 정서적으로는 너무 들뜨지도 않고 애절하지도 않은 지점에서 삶을, 삶의 기쁨을 노래한다.

딴뚜리 악단은 까스띠조를 영입한 1939년 본격적인 성공궤도에 오르며, 깜뽀스와 함께한 1946년 무렵까지 전성기를 누린다(그이후 비델라, 리보 등의 가수와 함께했는데, 인기는 이전만 못했고 지금 듣기에도 보컬이 낯설게 느껴진다). 까스띠조는 독특한 음색과 천상에서 내려온 듯한 명쾌함과 부드러움, 음유적인 발성, 깜뽀스는 좀 더 남성적이고 다소 어두운 음색(물론 부드럽다)과 좀 더 지상으로 내려와 어루만지는 느낌. 역시 과장 없이 페이스를 끌고 가는 음유성으로, 춤추기에는 까스띠조든 깜뽀스든 다 좋다.

Comparsa Criolla (1941), La vida es corta (1941, Castillo), Recu-

erdo (1941, Castillo/발스), Así se baila el tango (1942, Castillo), Madame Ivonne (1942, Castillo), Una emoción (1943, Campos), Ogio tu voz (1943, Campos), Malvon (1943, Campos)

다고스띠노, 감정의 수정처럼 맑은 결정체

"(사랑이라는) 감정의 수정처럼 맑은 결정체." 감정 혹은 정서에는 밝음-어두움, 맑음-흐림 등의 요소가 복합적 층위를 이루며, 밝고 맑음/밝고 흐림/어둡고 맑음/어둡고 흐림 등의 조합이 이루어지기도 한다. 다고스띠노-바르가스Ángel Vargas의 음악들은 사랑의 기쁨이든 슬픔이든 수정같이 맑게 결정화되어 있다. 이러한 맑은 결정화의 요소는 가수 바르가스의 명료한 목소리, 그리고 악기 편성 및 전개에서의 효과다. 바이올린, 반도네온, 피아노, 바르가스의 목소리가 주거니 받거니 대화하듯이 곡을 이끌어가는데, 그 결과는 섬세함과 맑고 깨끗한 느낌이다. 보컬을 포함하여 개별 악기들은 전체 곡의 전개에서 홀로 튀지 않고 완벽하게 조화를 이루는 가운데 편성되어 전개되고 있다. 예외적인 곡이 하나 있는데, 바르가스가 보컬로 참여하지 않은 *Café Domínguez*다. 웅장함까지 더해진 곡으로서 후반기의 명곡으로 홀로 우뚝 서 있다.

다고스띠노-바르가스를 사랑할 수밖에 없는 또 다른 이유는 춤추기 좋은 비트와 함께 싱코페이션 리듬의 긴장을 유지하고 있다는 점이다. "알고 보니 매우 리드미컬하다"는 것, 따라서 춤추기에 더할 나위 없이 편안하면서도 지루하지 않다는 것, 이것이 다고스띠노-바르가스 음악의 비밀이자 매력이다. 비트감과 섬세하고 맑은 감정이라는 두 가지 축을 결합하기 위해서는 '깊은 아브라소로 걷고, 적절히 멈추고(예컨대 솔로 파트가 멜로디를 연주하기 시작하는 지점에서), 또 걷기'만으로 충분하다. 그리고 그럴 수 있다면, 상대방의 심장소리를 듣는 것. 이것으로서 다고스띠노-바르가스와 함께하는 여행은 그 종착점에 이른다.

그날 다고스띠노
그 이후로
내 춤은 달라졌다
심장소리를 듣게 된 것이다
– 졸시 〈다고스띠노, 그 이후〉 부분

Tres esquinas (1941, Vargas), Adios arrabal (1941, Vargas), El Choclo (1941, Vargas), Esquinas Portenas (1942, Vargas/발스), Mano blanca (1944, Vargas), No Vendrá (1944, Vargas), Cafe Dominguez (1955)

47
그리고 빼놓을 수 없는 악단들

데안젤리스Alfredo De Angelis

'리리컬 악단'으로 분류되며, 다른 분류법에 따르면 '드라마틱' 악
단으로 분류되기도 한다. 한국 밀롱가에서는 발스 곡들이 많은 사
랑을 받는다. 탱고 곡들은 정직한 템포와 하이피치 보컬, 바이올린
이 계속되면서 피로감과 답답함이 느껴지기도 한다. 1943~1977년
에 걸쳐 녹음했으며, 단떼Carlos Dante, 마르뗄Julio Martel, 라로까Oscar
Laroca 등의 가수와 함께했다. 듀오보컬(단떼-마르뗄 등)을 활용한
곡들이 많다.

Pregonara (1945, Dante-Martel), Pobre flor (1946, 발스, Dan-
te-Martel), A Magaldi (1947, 발스, Dante-Martel), Volvamos a
Empezar (1953, Larroca), Pavadita (1958)

로드리게스Enrique Rodriguez

기본적으로 '리드미컬 악단'으로 분류된다. 묵직한 리드미컬 사운
드가 특징이다. 1940년 모레노Armando Moreno와 함께하면서 스타일
을 확립했는데, 경쾌함을 넘어선 자리, 묵직함과 어두움이 착색된
자리, 운명을 헤쳐나가는 씩씩한 어른들의 세계로 들어선다는 느

낌이다. 1940년대 중반 이후에는 서정적인 면모가 강화된다.

Llorar por una mujer (1940, Moreno), Danza maligna (1941, Moreno), Con tu mirar (1941, 발스, Moreno), Yo No Sé por Qué Razón (1942, Moreno), Que lento corre el tren (1943, Moreno), La vi llegar (1944, Moreno)

말레르바Ricardo Malerba

'리드미컬' 악단으로 분류되며, 박력 있으면서도 풍부한 사운드를 들려준다. 자기만의 '에지' 사운드는 부족하지만 춤추기에는 무난하다. 1941년 이후 녹음을 남겼으며, 메디나Orlando Medina 등의 가수와 작업했다.

Gitana rusa (1942, Medina), Remembranza (1943, Medina), Embrujamiento (1943, Medina)

호세 가르시아José Garcia y sus Zorros Grises

아름다운 멜로디와 절도 있는 리듬감은 밀롱게로들을 충분히 매혹할 만하다. *Junto a tu corazón* 한 곡으로 탱고 음악 역사에서 자기 할 도리를 다 했다고 나는 느낀다. 함께한 가수는 로하스Alfredo Rojas로 악단과 가수 모두 '절도 있는 로맨티시즘'의 면모를 보여준다.

Junto a tu corazón (1942, Rojas), No Le Creas (1943, Rojas), Motivo sentimental (1944, Rojas)

페데리꼬Domingo Federico

반도네온 주자인 페데리꼬는 깔로 악단에 참여했다가(1941~1943),
1943년 자신의 악단을 결성한다. 묵직한 반도네온과 베이스 라인
피아노가 악단의 특징이다. 비달Carlos Vidal의 목소리는 충분히 매력
적이다. 페데리꼬는 작곡가로서 *Yuyo verde, Saludos* 등 훌륭한 곡들
을 많이 남겼다.

> *Saludos (1944), Yuyo verde (1944, Vidal), Para qué te quiero tan-*
> *to (1945, Vidal)*

살라망까Fulvio Salamanca

천상의 소리다. 하늘에서 들려오는 소리 혹은 하늘로 이끌려 올라
가는 소리다. 아주 높고 길게 이어지는 바이올린 소리에 청명한 게
리꼬Armando Guerrrico의 목소리가 섞여들면 우린 지상을 떠나 천상
으로 간다. 그곳에서 보게 되는 것은 목가적 풍경이다. 그렇기에 지
상의 다이내믹과 드라마를 구현하기에는 제약의 요소가 되기도 한
다. 살라망까는 다리엔소의 피아니스트로 오래 활동하다가 1957년
독립했다. 1950년대 후반 탱고 황금기가 꺼져가는 기간 다리엔소
와는 다른 자기만의 색깔로 흔적을 남겼다.

> *Adios Corazón (1957, Guerrrico), Bomboncito (1957, Guerrrico),*
> *Todo es amor (1958, Guerrrico)*

바렐라Héctor Varela

바렐라의 음악에서 우선 우리의 귓전을 때리는 것은 레데스마Argentino Ledesma, 레시까Rodofo Lesica 등 가수들의 장대한 목소리다. 바렐라는 다리엔소 악단에서 10여 년의 기간 동안 반도네온 주자로 활동했으며, 1950년 자신의 악단을 결성(두 번째)했다. 초기에는 다리엔소의 색깔이 많이 묻어났으나 1950년대 중반에 두 가수와 더불어 자기만의 차별적인 사운드를 구축하게 된다. 보컬의 압도성과 드라마틱함은 밀롱가에는 제약요인이 되기도 한다.

Que tarde que has venido (1956, Ledesma), No me hablen de ella (1957, Lesica), Una lagrimita (1962, Laborde-Rolando)

싸소네Florindo Sassone

싸소네를 처음 들은 순간(*Pescadores de perlas*), 완벽하게 탱고이면서 또한 탱고같지 않은 새로운 느낌에 완벽하게 빠져든 적이 있다. 그렇다. 싸소네는 우리를 낯선 세계로 안내한다. 즉 존재의 어둡고 깊은 곳에 맞닿아 있지만, 절망과 망각의 세계가 아니라 존재의 근원이 되는 곳으로서 신비로운 매력을 감춘 장중한 매혹의 세계다. 싸소네는 1936년 악단을 결성하여 활동했는데(1940년 그만두고 1947년 복귀), 1960년대 이후 그의 독특한 사운드를 구축한다.

Pescadores de Perlas (1968), Tango de las Rosas (1968)

나의 탱고 스토리(4): 밀롱가 풍경의 기록

탱고가, 탱고 음악이, 밀롱게로들이 종국에는 함께 만나 어우러지는 곳. 때로는 안식처, 어떨 때는 정글, 어떨 때는 그들만의 리그, 도전하고 상처받는 곳. 춤추기 위해, 음악을 듣기 위해 찾아가는 곳. 종국에는 '꼬라손'을 구하는 곳. 성취하는 곳. 좌절하는 곳. 시간이 멈춘 곳. 나의 부캐가 사는 곳. 연애하는 곳. 노는 곳. 바로 밀롱가다. 밀롱가의 흔적을, 거기서의 만남을, 거기서 만난 음악을 기록한다. 그 뜨거움과 낯섦, 따뜻함과 날카로움, 설렘과 아쉬움, 그 편린들을 기록한다. 시간과 순서는 뒤섞였다.

1. 일요일 알레그레(오나다)

생강나무 노란 꽃잎과 우윳빛 목련에 물든 듯, 봄기운에 물든 듯했다.

오나다의 벽들이 친근하게 내 마음에 오롯이 깃들었다.

플로어는 정갈했고 론다는 평화로웠다.

오랜만에 조우한 라와는 경쾌하고도 깊었으며, 멀리서 온 라와는 유쾌했고, 그 모든 딴다들이 편안하고 즐겁게 흘러갔다.

막딴을 뒤에 남기고 밀롱가 문을 나서는데 햇빛이 아직 가득 남아있었다. 6시 가까이 되었는데도 그랬다. 이 점이 또한 행복했다.

2. 목요일 라붐, "기대치 않은 만남"

대전에 살지 않는 라가 라붐에 왔다. "기대치 않은 반가운 만남"
이다. 풍성한 느낌이 여전한데, 유연함이 함께 있다. 밀롱가를 실
컷 잘 춰놓고 자기는 밀롱가는 잘 못 춘다고 한다. 하긴 그는 정통
탱고 딴다가 더 어울리긴 하다. 라붐의 붙박이인 또 한 명의 라…,
아브라소의 풍성함이 못지않다. 친절함까지… 더 크게 발전할
그다.

3. 금요일 로열, "괄목상대"

오랜만에 큰 키의 그와 추었다. 괄목상대의 느낌이다. 살짝 비틀
어서 방향 전환을 하는 아도로노는 로열아카데미의 전매특허인
양 훌륭하다. 조금은 불편하게 느껴졌던 이마 간의 부딪힘도 거의
없다. 내가 머리를 드는 의식과 훈련을 한 덕분이기도 할 것이다.
또 한 명의 라. 부드러운 음악에는 부드럽게 몸을 움직여야 하는
당위를 표현할 줄 안다. 넘치는 내부의 열정을 때로는 깐깐하게
자제해야 서로의 춤이 더 편안하고 고조될 수 있음을 보여준 한
딴다.

4. 월요일 오나다, "설렘"

공식적인 이틀간의 휴가 중 첫 번째 기착지는 오나다. 여전히 낯설
면서도 설레는 오나다. 그런데 춤은 아는 이들과만 주로 추었고,
그 춤들이 다 좋았다. 첫 딴다와 마지막 딴다를 신청해준 라가 있
었다. 내가 신청하고픈 타이밍에 그렇게 신청해주었다. 고마울 따
름이다. 비아지 음악을 좋아하는 그와도 추었다. 밀롱게로 아브라
소를 하면서 집중하는 그가 느껴진다. 역시 고마울 따름이다.

5. 화요일 엘땅고(엘베소), "완벽한 첫 아브라소"

미국에서 휴가 나왔다는 그녀와 첫 딴다. 첫 아브라소인데도 완벽
했고, 부드럽고 멜로딕한 음악에 또한 부드럽고 멜로딕한 춤이었
다. 음악이 좋다고 하니 자기가 제일 좋아하는 딴다라 답한다. 내
일은 아따니체로 간다고 한다. 다음날 무리해서 아따니체를 간 이
유 중 하나다. 그리고 음악을 예리하게 듣고 표현한다고 칭찬해준
라 한 분이 계셨다. 또 다른 라 한 분께 칭찬을 돌려드렸다. 아주
독특한, 좋은 의미로 독특한 무브먼트가 있다고 말했다.

6. 수요일 아따니체(훈또스), "엉뚱한 오해이기를"

반가운 라들이 거기 다 있었다. 그리고 거의 다 추었던 것 같다. 하
루 전 엘땅에서 아따니체에 온다던 분도 있었고, 한 10개월여 만
에 본 적홍색 드레스의 그도 있었다. 그런데 머리를 복잡하게 하
는 것 하나. 잘 춘 듯싶었는데 딴다가 끝난 후 그가 눈을 마주치면
서 인사하지 않고 그냥 간다. … 춤은 췄지만 까인 느낌이다. … 그
를 밀롱가에서 마주칠 때마다 나는 이런 생각을 되살릴 것이고,
아마도 신청하지 못할 것 같다. 이것이 엉뚱한 오해이고 어느 한
순간 얼음이 깨지듯 깨지길 바랄 뿐이다.

7. 토요일 아따니체(꼰사보르, 디제이: 까를로스), "표정으로 춤추는 이"

대전-부산으로 이어지는 대형 밀롱가 행사의 여파로 한적한 느낌
마저 드는 밀롱가였다. 주인장 까를로스 님은 대전 삼색 밀롱가 디
제잉을 치르고도 '집'으로 돌아와 음악을 틀었다. 12시가 넘어 밀
롱가를 찾은 라가 있었는데, 왼쪽 사까다 동작에서의 받아내는

동작이 멋졌다. 우아하게 선을 그려낸다. 이것이 탱고라는 생각이 든다. 발전하고 그 발전을 발견하는 과정이 탱고의 재미다. 그리고 또 한 명의 라. 그 느낌은 눈의 표정으로부터 왔다. 진지하게 내리깐 눈. … 엘불린에서 배워서 그럴 거라고 아는 로가 귀띔해 준다. 아브라소가 따뜻하다는 칭찬을 받는다. '엘불린의 그녀'로부터.

8. 클럽 그리셀(금요일, 오초, 디제이: 민트), "첫 딴부터 다이렉트, 센 디살리로"

금요일의 클럽 그리셀. 클럽 '그리셀'이라니 작명부터가 간단치 않다(누구든 좋아할 만한 뜨로일로의 곡명이고, 잊을 수 없는 사랑의 대상이다). 디제이 민트 님은 첫 딴다를 그냥 워밍업 딴다로 트실 생각이 없으셨던 듯하다. 그냥 센 디살리로 뺑 터뜨려주신다. 나한테 주어진 시간은 단 1시간이었기에 너무 반가웠다. 광활한 플로어가 주어진 첫 딴다의 꼬라손 폭발은 이어서 6시 10여 분 무렵 딴다의 꼬라손 폭발로 이어졌다. 비아지였던 듯하다.

9. 빠롤(화요일 저녁, 안단테), "디소시아시온"이란

코로나 이후 첫 방문. 내부 인테리어와 구성이 많이 바뀌었다. 춤추기에는 더 좋아진 듯하다. 안단테에서 S님과의 오랜만의 조우가 즐거웠던, 숨 막히도록 빠르게 전개되는 라우렌스 딴다. 플로어 밖에서는 디소시아시온의 원리를 둘러싼 제프 님과의 대화가 신선하고 놀라웠다.

10. 루미노소(목요일 저녁, 오나다, 디제이: 시스루),
"탱고 음악은 밀롱가에서 들어야 제맛"

오늘 오나다/루미노소의 열기는 뜨거웠다. 좀 늦게 입장했으나, 새로 시작된 다리엔소-에차구에 딴다에서 그 열기를 바로 흡수할 수 있었다. 다리엔소 딴다부터 라꿈빠르시따까지 음악과 사운드는 역대급으로 좋았던 듯하다. 특히 각 딴다마다 나의 페이버릿 곡들이 들어있어 내가 이 곡을 제대로 좋아하는 것이 맞구나 하는 느낌을 갖게 한다. 다리엔소의 *Santa milonguita*, 까나로의 *Nada mas*, 뿌글리에세의 *Malandranca*가 그 곡이다. *Malandranca*에서는 정말로 드물게 콘트라베이스 보잉을 들을 수 있는데, 출입구 쪽 스피커 앞을 지나는데 그 소리가 명확히 나왔다. 좀 대박. 오늘 밀롱가는 마치 뿌글리에세 음악같은 전개였다. 클라이맥스로 휘몰아치며 고조되다가 뚝 종결되었다. 영업시간 제한이라는 코로나 시국의 어쩔 수 없는 풍경이기도 하다. C님과 함께 투덜거렸지만, 우리는 푸념하다가도 희망으로 간다. 이렇게라도 춤을 허용하는 세상이므로.

11. 이프밀(수요일 저녁, 오초, 디제이: 시스루),
"라꿈은 또 하나의 딴다"

시스루 님 음악을 처음부터 듣기 위해 서둘렀으나, 30분 늦게 입장. 대전의 귀하신 땅게라 두 분과 알뜰하게 각 2 딴다씩 추었는데, G님과는 다리엔소-에차구에, 디살리 딴다를, H님과는 깔로와 도나또 딴다를 추었다. 멜로딕과 리드미컬, 딴다 조합이 완벽하지 않은가. 서울에 자주 놀러 오시라고 '간청'드렸다. 라꿈에서는 음악과 춤 모두에서 (지난해 연말 루미노소에 이어서) 또 한 번

폭발했다. 라꿈은 또 하나의 딴다로 충분하다는 깨달음을 얻었다. 음악은 처음부터 끝까지, 늘 그렇듯이, 달콤하면서도 춤추기 좋았다.

12. 투썸(토요일 저녁, 엘땅, 디제이: 베카),
"엘땅 부활의 신호탄"

지난해 연말 즈음에 이어 두 번째 방문한 (뉴)엘땅. 강남의 밀롱가 메카였던 엘땅이 부활의 신호탄을 쏘아올렸다. 투썸 오거나이저 분들과 엘땅 운영진의 시너지가 폭발했으면 좋겠다. 대구의 귀하신 땅게라 두 분과 테이블을 같이한 서울의 귀하신 땅게라 두 분과 금요일에 이어 또 알뜰하게 추었다. 알뜰함을 넘어 치열하게 춘 듯하다. 베카 님의 음악은 기세가 있다. 치열함을 부추긴다.

13. 오징어 밀롱가(일요일 저녁, 루쓰, 디제이: H.쭌),
"때마침 뿌글리에세!"

디제이 데뷔하는 쭌 님 응원 차 루쓰에 좀 늦은 시간에 갔다. 많이 늦어서 아쉬웠는데, 뿌글-비아지-로드리게스로 이어지는 피날레 곡들이 좋았다. 나 스스로 놀랍게도 머리 스타일을 바꾸고 마스크를 한 페닌슐라 님을 알아보지 못했다. 나의 수석 탱고 스승이신 페닌슐라 님을 몰라보다니(다른 이들도 많이들 그런다고 하니 나를 용서해준다). 이어진 뿌글리에세 딴다! 스승께 최고의 칭찬을 들은 그 딴다에 대해서는 말을 아낀다.

14. 루미노소(월요일 저녁, 엔파스, 디제이: 엘피),
"뜨로일로를 새롭게 영접"

오랜만의 엘피 님 DJing을 들으러 들른 엔파스. 들어가서 자리를 잡자 첫 번째 발스 딴다가 뜨로일로. 내게는 언제나 '레베루'가 다르게 다가오는 딴다. 어찌 이리도 리드미컬하면서 로맨틱한지. 반도네온이 다른 악기들과 더불어 만들어내는 아찔한 리듬감. 극강의 섬세함을 보여주는 바이올린. 두 번째 뜨로일로는 중·후반 어디쯤. 피오렌띠노. 한 곡은 귀에 익숙한 곡. 세 곡은 알 듯 모를 듯한 곡(이러면 모르는 것으로 판정). 뜨로일로 전문이라 자처하지만 이럴 때는 무색해진다. 무색해지는 것도 나쁘지 않다. 완전히 새롭게 뜨로일로 곡을 영접하는 것이니까. 뭔가 차원이 다른 곳에 가 있다는 느낌을 주는 뜨로일로.

15. 머큐리 밀롱가(엘땅, 디제이: 리비),
"탱고 황금기 음악에 대한 리스펙트"

첫 곡 시작할 때 프런트에 도착하여 그 첫 딴다를 제외하고 막딴 비아지-두발과 라꿈빠르시따까지 풀 딴다를 춤추었다. 이날 나온 곡들은 1930~1940년대 탱고 황금기를 대표할 만한 주요 악단의 곡이었다. 예리함 옆에 따뜻함을 두었고, 파워 뒤에는 섬세함을 배치했다. 그만큼 탱고 황금기의 레퍼토리는 풍부하다. 선호도의 편중강화 증세인지는 몰라도 현대 탱고 악단들이 이 탱고 황금기에 자리한 오리지널들을 그 리듬감과 분위기 전반에서 넘어서지 못한다고 느낀다. "탱고 황금기에 대한 리스펙트!"라고 할 만한 감정이 음악을 들으면 들을수록 강화된다고나 할까.

16. 땅고 누에보의 밤(엘땅, 오거: 달자y트레이시),
"AM의 신세계"

'땅고 누에보의 밤' 밀롱가는 내게는 AM(Alternative Music)의
신세계라 할 만한 체험을 제공했다. 이 밀롱가는 전통 탱고, 비전
통 탱고(누에보로 통칭하는 일렉트릭 탱고와 현대악단에 의한 연
주), 비탱고 장르, 즉 AM으로 구성되는 밀롱가다. 따라서 3~4개
범주의 음악들을 어떻게 전략적으로 구성해서 다양하지만 통합
된 체험을 제공하느냐가 중요한데, 관권은 비탱고 장르인 AM의
선곡이다. 그 '밑도 끝도 없는' 음악의 저장고에서 탱고를 추기에
좋은 비탱고 음악을 어떻게 길어 올리느냐 하는 것이다. '춤추기
좋은(danceable)'이라는 기준을 통과하기는 여간 까다로운 것이
아니다. 이를 통과하면 우리는 춤으로서의 탱고 영역을 확장할 수
있다. 황금기 전통 탱고를 선호하는 이들조차(나 자신이 그렇다!)
새로운 융합, 새로운 체험을 마다하지 않을 듯하다. 탱고에 있
어 '춤추기 좋은'의 준거점은 무엇일까? 단연코 그것은 'walking
beat'의 존재다. 이는 다리엔소, 디살리, 뜨로일로, 뿌글리에세
모두에게 공통의 요소다. 걷기에 적합한 확실한 비트와 적당한 속
도. 비트가 들리지 않는다면 춤출 수 없고, 속도가 너무 빠르거나
느리면 춤출 수 없다. 그렇다면 그런 워킹 비트를 가진 AM 곡을
찾는 것이 관건이다. 이 지점에서 어젯밤의 밀롱가는 완벽했다는
생각이다. 다 춤추기에 좋았다(AM도, 다른 곡들도). 그리고 개인
적으로는 말랑말랑한 곡보다는 파워풀하게 느껴지는 곡들이 많
아서 좋았다.

17. 디아델땅고(오거: 행님 y 명아), "다시 일상의 탱고로"

나는 서울의 탱고여행, 대전은 삼색밀롱가를 통과했음에도 우리는 잊지 못하고 '일상의 탱고'로 돌아간다. 크지 않은 밀롱가에 보석이 있음을 알기에 생업을 접고 탱고를 해도 되는 것인가. 뒤풀이 끝자락에 묵직한 주제가 잠깐 오갔다. 분명한 것은 생업을 접어도 혹은 생업으로 추구해도 탱고를 마스터하기는 어렵다는 것. 무엇 때문에 탱고가 많은 이들을 이리 붙잡고 있는가. (행님 님은 일상에서 '영원'으로 떠났다. 허망하다. 하지만 마지막 여정에서 탱고의 아름다운 순간들을 오롯이 쥐고 갔으리라 믿는다.)

18. 꿀밀(일요일 저녁, 오뜨라, 디제이: 시로) / 금밀(금요일 저녁, 오뜨라, 디제이: 시로), "깔로 이어 추기"

오거도, 디제이도 같은 이 밀롱가는 '하나의' 밀롱가로 기억된다. '꿀밀'에, 깔로 딴다에 2곡을 흘려보내고 2곡만 춘다. 그는 늦게 왔고 나는 일찍 귀가해야 하는 탓이었다. 아쉬움과 여운이 진했다. 그다음 주 금밀에 그분과 다소 우연하게 깔로 딴다에 딱 까베가 되었다. '깔로 이어 추기'가 이렇게 만들어졌다.

19. 이프 밀롱가(수요일 저녁, 디제이: 에르난), "우리에게 next 딴다는 없다"

- 좀 늦게(7시 30분이 늦은 시각이라니!) 밀롱가에 들어섰는데 꽉 찬 밀롱게로들과 그 열기에 깜짝 놀랐다. 반차 쓰고 5시부터 플로어가 빠르게 채워졌다는 소식이 들린다.
- 불꽃 까베. 9시까지라는 데드라인에 우린 춤을 추고자 하는 갈망에 가득하다(그러나 갈망을 표현함에 있어 품격은 지켜

졌다). 이 에너지라니!

- 저음이 빵빵하게 살아있는(물론 고음도) 풍부한 사운드. 헤드폰과 집 오디오, 카오디오로는 들을 수 없는 밀롱가에서만 들을 수 있는 사운드. 마치 콘트라베이스를 끌어안고 춤을 추는 느낌이다.
- 순식간에 막딴. 딴다는 순삭되고 춤을 다 못 춘 밀롱게로들은 아쉬움이 가득.
- 이런 밀롱가(9시 종료 밀롱가)도 괜찮았다. 우린 다음 딴다를 기약할 수 없고 마지막인 듯 춤을 췄다(그래도 9시는 너무했다. 그럼에도 이런 밀롱가에 오는 우리가 신기하다).

20. 강남 판 밀롱가(금요일 저녁, 디제이: 벤자민), "명불허전 벤자민!!"

'명불허전'이라 했던가. 감성 충만한 곡도, 예리하게 벼린 곡도 그에게서 나오면 다 춤추기 좋은 음악이 된다. 신기하고 놀라운데, 나 스스로에게도 대견한 것은 즉흥적으로 춤출 전략을 고안해냈다는 것이다. 라우렌스 딴다였는데, 4곡 중에서 뒤로 갈수록 숨 가빠질 곡이라 첫 곡에는 숨을 고르며 춤췄다. 선곡이 마침 그러했기 때문이다. 세 번째 곡, 네 번째 곡에는 숨 쉴 틈을 주지 않고 끝까지 몰아쳤다. 파트너가 그걸 다 받아주는 이였다. 최고의 딴다가 되었다. 라우렌스의 매력이 100% 발현되었다. 또한 디살리도 있었다. "디살리인가? 디살리 맞다!" 너무 좋았다고 파트너가 말해준다. 나도 그랬다. '판밀'이 새로 자리 잡은 이 구역은 '엘땅'도 있고, '아따니체'도 있던 구역이다. 바로 옆에는 가로수길이 있고, 올림픽대로가 가까이 있는 구역이었다. 그런데 기존의 3호선

라인 외에 신분당선이 신사역까지 뚫려서 경기 남부지역으로 직행하고, 7호선, 9호선, 2호선 환승이 너무 편하게 되었다. 오가기 좋고 춤추기 좋은 공간으로 흥하기를 바란다.

21. 프리스타일(탱고 음악 세미나), "좀 더 탱고를 사랑하기 위하여"

탱고 음악에 대한 얘기들을 나누니, 각 사람들마다 첫인상과 느낌들이 재미있고 의미 있었다. 탱고 음악은 그 자체로 기쁨의 원천이기도 하고, 탱고를 출 때 뮤지컬리티를 향상시켜준다는 점을 공유했다. 지식이나 곡 제목으로가 아니라 귀로 익히고 몸으로 익혀야 한다는 점도 강조되었다. 밀롱게로로서 우리는 음악 공부를 통해 좀 더 탱고를 사랑할 수 있다.

22. 어느 해, 11월 16일 또도 땅고 "도블레띠엠뽀 네 걸음으로"

나의 어수룩한 몸짓들이
이 아름다운 음악들로 상쇄되기를
나의 실수들을 그가 눈치챌지언정
음악의 흐름 가운데 묻혀가기를
나의 도블레띠엠뽀 네 걸음으로
오늘 묵혀둔 근심 다 사라지도록
우린 순간을 살고
그 순간에 최선을 다했소
그대 또 언제 만나오

23. 라벤따나의 추억, "봄바람이 우리를 헤집어놓았다"

당신은 미소를 터뜨렸고

나는 쟁여서 가슴에 품는다

라벤따나 그 가득한 창들로부터

봄바람이 밀려들어왔고

그렇게 허락된 10분 동안

우리는 지독히도 음악들을 사랑했지만

누가 먼저랄 것도 없이 곧잘 그 음악으로부터 이탈했다

우리는 규칙을 존중했지만, 제멋대로의 정신은 더욱 떠받들었다

봄바람이 우리를 헤집어놓은 탓이다

실은 이게 바로 다리엔소가, 뜨로일로가, 까나로가 의도한 바였는지 모르겠다

당신들은 파안미소破顔微笑를 터뜨렸고

내 안에는 그만큼의 새 방들이 생겨났다

24. 허그(화요일 저녁, 오뜨라, 디제이: 미겔), "허그는 따뜻했다"

허그는 따뜻했다. 오거인 눈을감고(눈감) 님도, 디제이인 미겔 님도, 펠린 님도 따뜻했다. 음악이 따뜻한 쪽이 아닌 예리한 쪽이었는데도 그랬다. 펠린 님과 함께 춘 딴뚜리 딴다에 박수를 받은 듯하다. 환청이었는지도 모르겠다. 환청이었던 것 같다.

25. 땅게리아(주인장: 테오), 그 어느 날

'땅게리아 델 부엔 아이레'. 그 입구 저 밑으로부터 탱고 음악이

흘러나왔다. 언제건 지나치게 낯설며 처음부터 낯설지 않은 이 음악은 도대체 무엇인가. 이 음악과 함께 아주 친하지도, 아주 낯설지도 않은 사람들이 여기 있다.

26. 순천 에스뜨레쟈스(2015년 가을)

그와 세 번째 딴다를 출 그때는
별들이 잠들 무렵이었다.
내 안의 별도 이울었다.
그리곤 다시 새록 돋아났다.
움터오는 여명 가운데 나라는 별은
그라는 별과 자유롭게 부유했다.

〈2022 대구 인터내셔널 탱고 마라톤〉

언제 입문할 것인가

여기까지 읽은 독자 중 탱고 입문을 고민 중이라면, 언제 시작하는 것이 좋을지 궁금할 것이다. 답은 늘 그렇지만, "지금 당장" 하라는 것이다. 책을 시작할 때 '나의 탱고 입문기'에서 거의 5년 이상 마음속에만 그 욕망을 품고 실제로 실행하지 못했다고 고백했지만, 특별한 사정이 아니라면 지금 당장 하는 것이 좋다. 탱라밸탱고-라이프 밸런스을 적절히 실천한다면, 언제라도 좋다. 일이 급하게 돌아가거나, 연애 초기 상태라거나, 육아에 전념할 때라거나 그런 경우라면 쉬어가도 좋다. 쉬어가는 게 맞을 수 있다. 그러나 우리가 다른 일상의 취미나 휴식 등을 미래로 유보하지 않듯이 이 활동을 유보할 이유가 없다.

커플 춤인데다 가까이 안고 추는 춤이라 연애 파트너 혹은 배우자가 있는 독자분이라면 그들을 이해시키는 것이 어려울 수는 있다. 이 부분이 가장 까다롭다. 이 부분과 관련하여 챕터 6에서 탱고를 비롯하여 커플 댄스에 덧씌워져 있는 어떤 남녀 간 '탈선', '유혹'의 이미지는 실제 이 춤을 겪어보지 않은 이들의 클리셰적 관념일 뿐임을 얘기한 바 있다. 탱고 에너지는 탱고 안에서 갈구되고 해소될 뿐이지, 현실 밖으로 넘쳐날 가능성은 거의 없다. 이 점을 고려하여 연인이나 배우자에게 탱고를 허할 것을 권고한다. 연인 혹은 부부가 함께 탱고를 즐기는 경우도 많다. 그들을 지켜보면 그들의 스스럼은 "아주 조금" 있을 뿐이다. 이 장벽을 뛰어넘으면 아주 좋은 에너지의 세상이 당신들을 기다리고 있다.

지금 당장 시작하라는 이유 중의 하나는 우리의 신체나이와 관련된 것이다. 탱고는 정신과 몸을 같이 쓰는 활동이다. 은퇴하고 시간 여유가 나면 그때 하겠다는 생각은 접는 것이 좋다. 아마도 은퇴하면, 신체적 조건이 하락하는 지점이다. 춤을 익히기도 쉽지 않고, 시간이 더 걸린다. 지금 은퇴 시점에 계신 분들께 탱고 입문 생각을 거두라는 말이 아니다. 할 수 있으면 빨리 하라는 얘기다. 탱고 커뮤니티는 나이 예우를 해주지 않는다. 춤 실력으로 승부할 뿐이다. 인맥을 잘 쌓아서 춤 실력 부분을 커버할 수 있지만, 일정한 한도 이상은 어렵다. 몸을 쓰는 능력은 개인차가 큰 부분일 수 있다. 자신의 환경과 정신적·신체적 능력을 고려하여 적절히 입문하기를 바란다.

어떻게 지속하고, 언제 끝맺을 것인가

어떻게 탱고 활동을 지속하고, 언제까지 할 수 있을 것인가? 이 문제는 개인마다 사정이 다를 수밖에 없다. 거의 매일같이 미친 듯이 탱고를 하는 예도 있고, 탱라밸을 철저히 준수하면서 적정수준에서 하는 예도 있다. 어떻게 하든 탱고는 지속적인 수련과 활동이 요구된다. 멈추어 있으면 도태된다. 일정한 수준에 이를 때까지 빡세게 하고, 그 이후에는 좀 여유 있게 해도 좋다. 하지만 피드백에 민감하고 끊임없이 튜닝해야 한다. 탱고는 혼자 추는 춤이 아니기 때문이다. 두 사람 간의 대화이기 때문이다. 탱고의 은퇴 시점이 따로 정해져 있는 것은 없다. 아르헨티나 현지에서는 춤추다 돌아가시는 '어르신'도 계신다고 한다. 노년을 바라보는 우리의 로망이지만, 현실은 녹록지 않을 것이다. '춤꾼'으로서 자신의 경쟁력을 유지하기

위해 노력할 수밖에 없다. 다 하고도 여의치 않으면 그땐 어쩔 수
없다. 까베를 주고받는 사람이 한 사람도 남김 없게 되는 때가 은퇴
시점이다. 그때가 언제인지는 알 수 없고, 사람들마다 다를 수밖에
없다. 그때까지 닥치고 탱고를 추면 된다.

〈페닌슐라와 복어: 공연이 끝난 후 환호와 갈채 속에서 밀롱게로는 하나가 된다〉

참고문헌

미하이 칙센트미하이 외, 제효영 옮김, 《달리기와 몰입》, (주)샘터사, 2019.

배수경, 《탱고: 강렬하고 아름다운 매혹의 춤》, 살림, 2007.

아리아나 허핑턴, 정준희 옮김, 《수면 혁명》, 민음사, 2016.

아서 단토, 김한용 옮김, 《무엇이 예술인가》, 은행나무, 2015.

오디세우스 다다, 《오직 땅고만을 추었다》, 난다, 2017.

조르주 바타유, 조한경 옮김, 《에로티즘》, 민음사, 2009.

캐럴라인 윌리엄스, 이영래 옮김, 《움직임의 뇌과학》, 갤리온, 2021.

하재봉(다다), 《땅고》, 살림, 2017.

화이, 《탱고 레슨》, 오푸스, 2010.

Beatriz Dujovne, 《In Strangers' Arms: The Magic of the Tango》, McFarland & Company, 2011.

Christine Denniston, 《The Meaning Of Tango》, Portico, 2007.

Clive Harrison, 《Tango 500》, CreateSpace Independent Publishing Platform, 2018.

David Thomas, 《Getting to know: Twenty Tango Orchestra》, Tango Journey, 2016.

Dimitris Bronowski, 《Tangofulness》, Amazon Digital Services LLC, 2020/2022.

Michael Lavocah, 《Tango Stoies: Musical Secrets》, Milonga Press, 2014.

《www.moonemissary.com》

《www.tangomeet.com》

《www.tangoprinciples.org》

《www.tejastango.com》

《www.todotango.com》

유튜브 〈Tango Music Intention〉(Natalia & Agustin)

아래 영상들 외에도 유튜브에 해당 댄서들을 검색하면 다양한 탱고 공연 동영상을 시청할 수 있음.

1. Sebastian Arce & Mariana Montes

   https://youtu.be/DbsBg-Ek57o

2. Sebastian Achaval y Roxana Suarez

   https://youtu.be/APOSAtYQjlg

3. Sebastian Jiménez y María Inés Bogado

   https://youtu.be/_NoameGM7aw

4. Carlitos Espinoza y Noelia Hurtado

   https://youtu.be/AvPg6x6ox4o

5. Facundo Piñero e Vanessa Villalba

   https://youtu.be/7yvbzJa_j8k

6. Clarisa Aragón & Jonathan Saavedra

   https://youtu.be/JDyQLkF79PA

7. Fausto Carpino y Stephanie Fesneau

   https://youtu.be/fefQnEdfU9A

→ Youtube ⟨Suyoung Tango Music⟩에서 청취 가능

- 23개 오케스트라, 160곡(탱고 133곡, 발스 17곡, 밀롱가 10곡)

오케스트라	Canta vs. Istrumental	곡명(연도)	장르
Canaro (10곡)	Istrumental	*Mimosa* (1929)	
	Falcón	*La Morocha* (1929)	
	Charlo	*Flor de Fango* (1931)	
	Famá	*Milonga Sentimental* (1933)	밀롱가
	Maida	*Poema* (1935)	
		Invierno (1937)	
		Milonga brava (1938)	밀롱가
		Romantica (1938)	발스
	Famá	*Tormenta* (1939)	
	Adrian	*Corazón encadenado* (1942)	
Lomuto (6곡)	Díaz	*Intimas* (1931)	
	Acuña y Díaz	*Nunca Más* (1931)	
	Omar	*Mano a mano* (1936)	
		Nostalgias (1936)	
		Damisela encantadora (1936)	발스
		Que tiempo aquel (1938)	밀롱가
OTV (8곡)	Istrumental	*Coqueta* (1929)	
		Cardos (1931)	
	Famá	*Carrilion de la Merced* (1931)	
	Gomez	*Ventarrón* (1933)	
	Vargas	*Adios Buenos Aires* (1938)	
	Corrales	*Temo* (1940)	발스
	De Cerro	*Una Vez* (1943)	
	Carol	*Mi taza de cafe* (1944)	
Donato (7곡)	Alessio	*El dia que me quieras* (1935)	
	Lagos	*El adios* (1938)	
		Ella es asi (1938)	밀롱가
	Lagos-Morales	*Carnaval de mi barrio* (1939)	
	Lagos-Morales-Gaviolli	*Estrellita mia* (1940)	발스

오케스트라	Canta vs. Istrumental	곡명(연도)	장르
Donato (7곡)	Lagos	A oscuras (1941)	
		Parece ayer (1942)	
D'Arienzo (16곡)	Istrumental	Nueve de Julio (1935)	
		El Flete (1936)	
		La punalada (1937)	밀롱가
	Echagüe	No mientas (1938)	
		Olvidame (1939)	
		Santa milonguita (1939)	
		Recuerdos de la Pampa (1939)	발스
		Milonga del recuerdo (1939)	밀롱가
	Istrumental	Por Que Razon (1939)	
	Mauré	Ya lo ves (1941)	
		Tango brujo (1943)	
		Amarras (1944)	
	Laborde	Magdala (1944)	
	Istrumental	La cumparsita (1951)	
		Loca (1955)	
	Ramos	Mi Dolor (1972)	
Biagi (8곡)	Istrumental	Pura clase (1939)	
	Ibáñez	Viejo portón (1938)	발스
	Falgas	Dichas que vivi (1939)	발스
	Ortiz	Quiero verte una vez mas (1940)	
		Pueblito de provincia (1943)	
	Amor	Flor de Monserrat (1945)	밀롱가
		Marol (1946)	
	Istrumental	Racing Club (1950)	
	Duval	Sangre de mi sangre (1954)	
Fresedo (6곡)	Istrumental	Tigre Viejo (1934)	
	Ray	Vida Mia (1934)	
		Sueño azul (1937)	
		Sollozos (1937)	
	Ruiz	Mi Gitana (1939)	
		Buscandote (1941)	
Di Sarli (15곡)	Rufino	Corazón (1939)	
	Istrumental	El Pollo Ricardo (1940)	
	Rufino	Griseta (1941)	
		Cornetin (1943)	
		Yo soy de San Telmo (1943)	밀롱가
	Istrumental	Ensuenos (1943)	
	Podestá	Nada (1944)	
		Llueve otra vez (1944)	

오케스트라	Canta vs. Istrumental	곡명(연도)	장르
Di Sarli (15곡)	Podestá	La capilla blanca (1944)	
	Duran	Porteno y bailarin (1945)	
		Tus labois me diran (1945)	
		Acuérdate de mí (1946)	발스
	Istrumental	Champagne tango (1952)	
		Nueve puntos (1956)	
		Bahia blanca (1958)	
Caló (7곡)	Berón	Al compás del corazón (1942)	
		Tristeza de la calle Corrientes (1942)	
	Podestá	Si Tu Quisieras (1943)	
	Iriarte	Marion (1943)	
		Los despojos (1947)	
		Rebeldia (1947)	
	Istrumental	Porteñisimo (1967)	
Demare (6곡)	Miranda	Mañana zarpa un barco (1942)	
		Malena (1942)	
	Berón	Oigo Tu Voz (1943)	
		Se fue (1943)	발스
	Quintana	Solamente ella (1944)	
		Torrente (1944)	
Laurenz (7곡)	Istrumental	Arrabal (1937)	
	Farrel	Abandono (1937)	
	Casas	No me extraña (1940)	
		Mascarita (1940)	발스
	Martin Podestá	La vida es una milonga (1941)	밀롱가
	Podestá	Nunca Tuvo Novio (1943)	
		Alma de Bohemio (1943)	
Troilo (11곡)	Istrumental	Milongueando en el 40 (1941)	
	Fiorentino	Toda mi vida (1941)	
		El bulin de la calle ayacucho (1941)	
		Mano brava (1941)	밀롱가
	Istrumental	Un placer (1942)	발스
	Fiorentino	Gricel (1942)	
		Sosiego en la noche (1943)	
	Marino	Uno (1943)	
		Tal vez sera su voz (1943)	
	Fiorentino-Marino	Sonar y nada mas (1943)	발스
Pugliese (11곡)	Chanel	Farol (1943)	
	Istrumental	Tierra querida (1944)	
		Raza crilloa (1945)	

오케스트라	Canta vs. Istrumental	곡명(연도)	장르
Pugliese (11곡)	Moran	Una vez (1946)	
	Istrumental	La yumba (1946)	
		Malandraca (1949)	
		La tupungatina (1952)	
		Chiqué (1953)	
		Seguime si podes (1953)	
	Maciel	Remembranza (1956)	
	Istrumental	A Evaristo Carriego (1961)	
Tanturi (8곡)	Istrumental	Comparsa Criolla (1941)	
	Castillo	La vida es corta (1941)	
		Recuerdo (1941)	발스
		Así se baila el tango (1942)	
		Madame Ivonne (1942)	
	Campos	Una emocion (1943)	
		Ogio tu voz (1943)	
		Malvon (1943)	
D'Agostino (7곡)	Vargas	Tres esquinas (1941)	
		Adios arrabal (1941)	
		El Choclo (1941)	
		Esquinas Portenas (1942)	발스
		Mano blanca (1944)	
		No Vendrá (1944)	
	Istrumental	Cafe Dominguez (1955)	
De Angelis (5곡)	Dante-Martel	Pregonara (1945)	
		Pobre flor (1946)	발스
		A Magaldi (1947)	발스
	Larroca	Volvamos a Empezar (1953)	
	Istrumental	Pavadita (1958)	
Rodriguez (6곡)	Moreno	Llorar por una mujer (1940)	
		Danza maligna (1941)	
		Con tu mirar (1941)	발스
		Yo No Sé por Qué Razón (1942)	
		Que lento corre el tren (1943)	
		La vi llegar (1944)	
Malerba (3곡)	Medina	Gitana rusa (1942)	
		Remembranza (1943)	
		Embrujamiento (1943)	
José Garcia (3곡)	Rojas	Junto a tu corazon (1942)	
		No Le Creas (1943)	
		Motivo sentimental (1944)	
Federico (3곡)	Istrumental	Saludos (1944)	

오케스트라	Canta vs. Istrumental	곡명(연도)	장르
Federico (3곡)	Vidal	*Yuyo verde* (1944)	
		Para qué te quiero tanto (1945)	
Salamanca (3곡)	Guerrrico	*Aadios Corazon* (1957)	
		Bomboncito (1957)	
		Todo es amor (1958)	
Varela (3곡)	Ledesma	*Que tarde que has venido* (1956)	
	Lesica	*No me hablen de ella* (1957)	
	Laborde-Rolando	*Una lagrimita* (1962)	
Sassone (2곡)	Istrumental	*Pescadores de Perlas* (1968)	
		Tango de las Rosas (1968)	

글 김수영(탱고 예명: 까뮈)

서울대학교에서 미학을 전공했다(학사 및 석사). 대통령비서실 행정관(1998~2005), 보건복지부 근무(2005~2018)를 거쳐 현재 한국건강증진개발원 수석전문위원으로 재직 중이다. 2007년 탱고에 입문했으며, 탱고에 관한 글(시와 에세이)을 열정적으로 써왔다. 페이스북에 그룹 〈땅게로스의 노래〉를 운영 중이며, 2022년 12월부터 마포FM(100.7Mhz)에서 〈불멸의 탱고음악〉 프로그램을 진행한다.

그림 박영근

서울대학교에서 서양화를 전공했다(학사 및 석사). 1991년 개인전을 시작으로 2022년까지 41회의 개인전을 가졌으며, 국립현대미술관, 서울시립미술관, 경기도미술관, 요코하마미술관 등의 기획전에 참여했고 작품이 소장되어 있다. 2001년부터 성신여자대학교 서양화과 교수로 재직하고 있으며 미술대 학장, 박물관장을 역임했다.

사진 위성환

미디어아트와 사진으로 현대사회가 지닌 모순과 부조리를 풍자적으로 해석하고 그것을 이미지화하는 작업을 한다. 모든 존재하는 관계와 경계를 다루며, 프랑스 베르사유 보자르 출신으로 12년째 파리와 서울을 오가며 활동하고 있다.